Simone Gutacker

Gesammelte Predigten Band III

Simone Gutacker

Gesammelte Predigten Band III

Rogate bis 9. Sonntag nach Trinitatis

Fromm Verlag

Impressum / Imprint
Bibliografische Information der Deutschen Nationalbibliothek: Die Deutsche Nationalbibliothek verzeichnet diese Publikation in der Deutschen Nationalbibliografie; detaillierte bibliografische Daten sind im Internet über http://dnb.d-nb.de abrufbar.

Bibliographic information published by the Deutsche Nationalbibliothek: The Deutsche Nationalbibliothek lists this publication in the Deutsche Nationalbibliografie; detailed bibliographic data are available in the Internet at http://dnb.d-nb.de.

Verlag / Publisher:
Fromm Verlag
ist ein Imprint der / is a trademark of
OmniScriptum GmbH & Co. KG
Heinrich-Böcking-Str. 6-8, 66121 Saarbrücken, Deutschland / Germany
Email: info@frommverlag.de

Herstellung: siehe letzte Seite /
Printed at: see last page
ISBN: 978-3-8416-0443-9

Inhaltsverzeichnis:

(1)Rogate[1]:

Matthäus 6,5-13: Vom Beten. Das Vaterunser

Gnade sei mit uns und Friede von Gott unserem Vater und dem Herrn Jesus Christus. Amen.

Liebe Gemeinde.

Rogate! So lautet der Name des heutigen Sonntages. Rogate! Betet! Bittet! Doch wie und worum? Diese Unsicherheit im Gebet gab es anscheinend auch schon 2000 Jahre vor unserer Zeit. Und allen Unklarheiten entgegen klärt Jesus uns im folgenden Predigttext über das Wissenswerte im Gebet auf: Ich lese aus Matthäus 6, die Verse 5 bis 13:

Und wenn ihr betet, sollt ihr nicht sein wie die Heuchler, die gern in den Synagogen und an den Straßenecken stehen und beten, damit sie von den Leuten gesehen werden. Wahrlich, ich sage euch: Sie haben ihren Lohn schon gehabt. Wenn du aber betest, so geh in dein Kämmerlein und schließ die Tür zu und bete zu deinem Vater, der im Verborgenen ist; und dein Vater, der in das Verborgene sieht, wird dir's vergelten. Und wenn ihr betet, sollt ihr nicht viel plappern wie die Heiden; denn sie meinen, sie werden erhört, wenn sie viele Worte machen. Darum sollt ihr ihnen nicht gleichen. Denn euer Vater weiß, was ihr bedürft, bevor ihr ihn bittet. Darum sollt ihr so beten: Unser Vater im Himmel! Dein Name werde geheiligt. Dein Reich komme. Dein Wille geschehe wie im Himmel so auf Erden. Unser tägliches Brot gib uns heute. Und vergib uns unsere Schuld, wie auch wir vergeben unsern Schuldigern. Und führe uns nicht in Versuchung, sondern erlöse uns von dem Bösen.

[1] (13.5.2007)

[Denn dein ist das Reich und die Kraft und die Herrlichkeit in Ewigkeit. Amen.][2]

Mißbrauch im und mit dem Gebet gab es ebenfalls schon zu Jesu Zeiten. Ein Gebet kann mißbraucht werden, um damit Eindruck zu schinden, sei´s vor den Mitmenschen, vor mir selbst oder gar vor Gott. Doch damit ist nichts gewonnen. Gott können wir mit allem Geplapper nicht beeindrucken, uns selbst höchstens vordergründig und von der Beeindruckung unserer Nächsten empfangen wir garantiert nicht das, wessen wir bedürftig sind. Vielleicht gilt uns daher auch nach wie vor der wesentliche Rat, uns ins „stille Kämmerlein" zurückzuziehen, um weitab von allen Ablenkungen sein zu können, die uns vom wirklichen Bedürfnis des Bittens zu Gott, abzubringen drohen. Ich allein mit meinem Gott, der in mein Herz zu sehen versteht, der weiß, was mir fehlt. Gott als mein Gegenüber, der mich wahrnimmt, wie ich bin, mit allem, was in mir ist und dem, woran es mir mangelt. Ist die Welt um uns herum auch laut, Gott will uns erhören, inmitten von Trubel, Stress, Hektik und Getriebenheit. Mögen wir auch verunsichert sein darüber, wie wir Gottes Antwort hören oder vernehmen können, ob uns eine solche überhaupt erkennbar zuteil werden kann – zuallererst will uns die Anleitung zum Gebet überhaupt einmal Mut zusprechen, uns an Gott zu wenden, als an den liebenden Vater, der uns Gehör und Erhörung schenkt.

Lassen Sie uns nun eine Weile bei dem Gebet selbst verharren, das Jesus seine Jünger lehrte, das wir all-sonntäglich gemeinsam – und eben nicht allein im verschlossenen stillen Kämmerlein zu beten gewohnt sind, und das deshalb manches Mal in der Gefahr steht, herunter-geplappert zu werden, ohne Punkt und Komma. Daher möchte ich das uns vertraute Gebet einmal untergliedern – mit Punkt und Komma, in die Anrede, die sieben Bitten und den Gebetsschluss:

[2] Lutherbibel, revidierter Text 1984, durchgesehene Ausgabe, © 1999 Deutsche Bibelgesellschaft, Stuttgart.

I. Zunächst zur Anrede:

1) Unser Vater:

In der Anrede nehmen wir Kontakt auf. Wir wenden uns direkt an Gott. Doch nicht an irgendeinen Gott, den wir uns ausdenken oder einbilden müssen, nicht irgendein fernes Abstraktum gelehrter Wissenschaften, sondern an den, den wir vertraut und doch voller Respekt mit dem Wort „Vater“ ansprechen dürfen. Wir dürfen zu ihm kommen, wie seine Kinder – sind aber deshalb nicht genötigt uns kindisch verhalten zu müssen, können ihm selbstverantwortet und mündig gegenübertreten und uns vertrauensvoll an ihn wenden.

2) In den Himmeln:

Auch ist er nicht zu verwechseln mit irgendeinem „Papi“ unserer Wünsche, sondern er ist und bleibt der in den Himmeln-Thronende, der All-Mächtige, der Schöpfer-Gott. Damit ist er der Sphäre unseres Einflusses und unserer Manipulations-Begierden komplett entrissen. Wir schauen zu ihm auf, wir heben unsern Blick, wir sehnen uns ihm entgegen. Dennoch und gerade zu diesem Himmels-Regenten dürfen wir in eine persönliche Beziehung treten, können ihn geradezu „väterlich“ ansprechen und in Anspruch nehmen: Vater unser im Himmel!

II. Schauen wir uns nun die sieben Bitten im einzelnen an:

1) Die erste Bitte: Geheiligt werde dein Name!

Der Name Gottes ist heilig! Indem wir uns daran erinnern, wird uns sowohl die Größe und Heiligkeit Gottes als auch unsere Kleinheit und Nichtigkeit bewusst und erscheint es uns um so wunderbarer, dass wir Geringen und Ohnmächtigen zu Gott dem Schöpfer und Allmächtigen Kontakt aufnehmen dürfen im Gebet! Geheiligt werde dein Name! Mit dieser Bitte, die auch gleichzeitig ein Bekenntnis ist, nehmen wir gleichzeitig Abstand davon, etwas anderes als den Namen Gottes heilig zu sprechen, einem anderen die Ehre zu geben bzw. an etwas anderem Götzenkult zu betreiben. Vater unser im Himmel. Geheiligt werde dein Name!

2) Die zweite Bitte: dein Reich komme!

Indem wir gewahr werden, wie weit unsere Welt entfernt ist davon, dem Reich Gottes zu entsprechen, wächst in uns um so stärker die Sehnsucht heran, das Gottesreich (die Basileia tou Theou) möge hereinbrechen in diese, unsere Welt. Mit aller Inbrunst können wir dann in die zweite Bitte einstimmen: Vater unser im Himmel! Dein Reich komme!

3) Die dritte Bitte: dein Wille geschehe, wie im Himmel so auf Erden!

Wenn wir ebenfalls dessen bewusst werden, wer auf unserer Erde so alles bemüht ist, seinen Willen durchzusetzen und Realität werden zu lassen und wie oft gar dieser „Wille zur Macht" dem Willen Gottes entgegensteht, können wir um so tiefer erkennen, wie heilsnotwendig die Vollendung des Willens Gottes ist, sowohl im Himmel, als auch auf der Erde, auf der wir leben. Somit bitten wir von ganzem Herzen: Vater unser im Himmel. Dein Wille geschehe, wie im Himmel so auf Erden!

4) Die vierte Bitte: unser tägliches Brot gib uns heute!

Wir wissen, wie sehr auch unser Wille oftmals nicht dem Willen Gottes entspricht und wie oft wir Dinge begehren, die zu haben das Leben vielleicht angenehmer macht, die zu besitzen aber weder lebens- noch heilsnotwendig sind. Darum kann uns oft helfen, uns daran erinnern zu lassen, was tatsächlich unserem Bedürfnis entspricht, woran es uns in Wirklichkeit mangelt. All dies ist mit dem „täglichen Brot" gemeint. Gott will uns geben, wonach wir uns sehnen. Nicht nur, was unserem Körper mangelt, sondern darüber hinaus, was dem ganzen Menschen Not tut, will er uns schenken. An dem heutigen Tage, aber auch an dem morgigen, so dass wir sorglos leben sollen, aus der Hand Gottes. In Vertrauen auf Gott, unsern Herrn, dürfen wir somit beten und bitten: Vater unser im Himmel. Unser tägliches Brot gib uns heute!

5) Die fünfte Bitte: und vergib uns unsere Schuld, wie auch wir vergeben unsern Schuldigern!

So, wie wir täglich erkennen müssen, dass wir aus uns selbst heraus nicht im Stande sind, ein Gott-geheiligtes Leben zu führen, sondern in unserem mangelnden Vertrauen und Glauben an Gott und an einander schuldig werden, so können wir freimütig ein die Bitte einstimmen: Vater unser im Himmel. Vergib uns unsere Schuld, wie auch wir vergeben unseren Schuldigern. Denn, wie es so schön im Anschluss an unseren Predigttext heißt: wenn ihr den Menschen ihre Verfehlungen vergebt, so wird euch euer himmlischer Vater auch vergeben.

6) Die sechste Bitte: und führe uns nicht in Versuchung!

Über unsere Schuld hinaus besteht die Gefahr, weiterhin in Versuchung zu geraten. Sei es die Versuchung zu glauben, ein Leben genauso gut auch ohne Gott führen zu können, etwas anderem im Leben den Status der „Heiligkeit“ zuzusprechen oder gar nicht erst mehr in der Lage zu sein, etwas „heilig“ zu halten. Wir erinnern uns: auch Jesus selbst geriet in Versuchung beziehungsweise wurde vom Satan in Versuchung geführt, konnte aber alle Versuchungen als solche erkennen und sie von sich weisen. Wir Menschen sind schwach, lassen uns allzu oft sogar gerne verführen und in Versuchung bringen. Doch in der Ausrichtung auf Gott können alle Wege, die uns von Gott abbringen wollen, eben als „ab-wegig“ erkannt werden. Somit dürfen wir uns im Gebet an Gott wenden und mit klarem Blick darum bitten: Vater unser im Himmel. Führe uns nicht in Versuchung!

7) Schließlich noch die siebte und letzte Bitte: sondern erlöse uns von dem Bösen!

Da wir abgeleitet von der Gefährdung durch eine Versuchung auch um die Realität und Wirkkraft des „Bösen“ wissen, dürfen wir uns (be-)lehren lassen, um die Erlösung eben von diesem Bösen zu bitten und zu beten. Gott, der Herr, will uns beschützen, für uns sorgen, wie ein guter wachsamer Vater, zu dem wir vertrauensvoll fliehen und flehen dürfen: Vater unser im Himmel. Erlöse uns von dem Bösen!

III. Abschließend erfolgt noch der Gebetsschluss:

Mit jenem bringen wir schlussendlich die ewige Herrlichkeit und Allmacht unseres Schöpfergottes zum Ausdruck, indem wir Gott loben und ihm gegenüber einmütig bekennen: Dein ist das Reich und die Kraft und die Herrlichkeit in Ewigkeit. Amen - so sei es!

Und der Friede Gottes, der höher ist als all unsere menschliche Vernunft bewahre unsere Herzen und Sinne in Christus Jesus. Amen.

(2) Abendmahlsgottesdienst[3]:

Lukas 14,16b-24: Das große Abendmahl

Jesus sprach:

Es war ein Mensch, der machte ein großes Abendmahl und lud viele dazu ein. Und er sandte seinen Knecht aus zur Stunde des Abendmahls, den Geladenen zu sagen: Kommt, denn es ist alles bereit! Und sie fingen an alle nacheinander, sich zu entschuldigen. Der erste sprach zu ihm: Ich habe einen Acker gekauft und muss hinausgehen und ihn besehen; ich bitte dich, entschuldige mich. Und der zweite sprach: Ich habe fünf Gespanne Ochsen gekauft und ich gehe jetzt hin, sie zu besehen; ich bitte dich, entschuldige mich. Und der dritte sprach: Ich habe eine Frau genommen; darum kann ich nicht kommen. Und der Knecht kam zurück und sagte das seinem Herrn. Da wurde der Hausherr zornig und sprach zu seinem Knecht: Geh schnell hinaus auf die Straßen und Gassen der Stadt und führe die Armen, Verkrüppelten, Blinden und Lahmen herein. Und der Knecht sprach: Herr, es ist geschehen, was du befohlen hast; es ist aber noch Raum da. Und der Herr sprach zu dem Knecht: Geh hinaus auf die Landstraßen und an die Zäune und nötige sie hereinzukommen, dass mein Haus voll werde. Denn ich sage euch, dass keiner der Männer, die eingeladen waren, mein Abendmahl schmecken wird.[4]

---

[3] (30.4.2006)

[4] Lutherbibel, revidierter Text 1984, durchgesehene Ausgabe, © 1999 Deutsche Bibelgesellschaft, Stuttgart.

I. Schattenspiel am Overheadprojektor:

(Während der Nacherzählung des Predigttextes wird das als Schattenspiel auf dem Overheadprojektor Stück mit folgenden Figuren bzw. Silhouetten nachgestellt: einem dicken Herrn, einem hutzeligen Knecht, einem großen Türrahmen, einem Freund [dargestellt als arroganter Wichtigtuer in mehreren Rollen], einer Clochard-Gruppe, einer Menschenmenge und einem reich gedeckten Tisch.)

(Der Overheadprojektor wird eingeschaltet. Noch ist nichts und niemand zu erkennen.) Aber wer wird am Ende der Zeit das Fest mit Gott feiern? Jesus hat darauf mit folgender Geschichte geantwortet:

(Der Herr taucht auf.) Ein Mann bereitete ein großes Fest vor und lud seine Freunde zum Festmahl ein.

(Der Knecht erscheint.) Er schickte seinen Knecht los.

Der ging zum ersten Freund. *(Der Herr und sein Knecht entfernen sich; der Türrahmen wird aufgelegt: der Knecht kommt zur Tür herein, er begegnet einem Freund.)* Er lud ihn ein: „Komm zum Fest! Es ist alles bereit! Der Tisch ist gedeckt!" Aber der Freund antwortete: „Es tut mir leid. Ich kann nicht kommen. Ich habe mir ein Stück Land gekauft. Das muss ich mir ansehen. Bitte entschuldige mich!" *(Der Freund verschwindet.)*

Da ging der Knecht zum zweiten Freund. *(Der Freund erscheint im Türrahmen.)*

Er lud ihn ein: „Komm zum Fest! Es ist alles bereit!" Aber der Freund antwortete: „Es tut mir leid. Ich kann nicht kommen. Ich habe gerade fünf Paar Ochsen gekauft. Die muss ich jetzt ansehen. Bitte entschuldige mich!" *(Der Freund verschwindet.)*

Da ging der Knecht zum dritten Freund. *(Der Freund erscheint im Türrahmen.)*

Er lud ihn ein: „Komm! Es ist alles bereit!" Aber der Freund antwortete: „Es tut mir leid. Ich kann nicht kommen. Ich habe gerade geheiratet. Ich muss mich

um meine Frau kümmern. Bitte entschuldige mich!“ *(Der Freund verschwindet, der Knecht verschwindet; der Türrahmen wird entfernt.)*
Da kam der Knecht zu seinem Herrn. *(Der Herr ist zu sehen, sein Knecht kommt hinzu.)*
Er berichtete ihm alles. Der Herr aber wurde zornig und befahl seinem Knecht: „Geh auf die Straße und in die Gassen! Geh zu den Bettlern und zu den Kranken und bring´ sie alle her!“ *(Der Herr und sein Knecht verschwinden.)* Da lief der Knecht los und lud alle ein: Blinde, Lahme und Bettler.
(In der Mitte ist der Tisch zu sehen, der Herr direkt daneben.)
In großen Scharen kamen sie an. *(Die Hälfte der Clochards wird sichtbar.)*
Der Saal füllte sich mehr und mehr. *(Die komplette Menschengruppe der Clochards ist nun zu erkennen.)*
Aber der Hausherr sagte zu seinem Knecht: „Es sind noch Plätze frei. Geh noch einmal los! Zieh noch weiter ins Land hinaus, lade alle ein, die du findest, und führe sie in mein Haus! Ich will mit ihnen feiern und das Mahl mit ihnen halten.“ *(Der Knecht holt die Menschenmenge herein, nun ist der Raum voll.)*
So wird es am Ende der Zeit sein: Von Norden und Süden, von Osten und Westen werden sie kommen. Sie werden mit Jesus zu Tisch sitzen und das Fest Gottes mit ihm feiern. Dann wird es keine Tränen, keinen Schmerz und kein Leid und keinen Tod mehr geben. Dann wird Jesus für immer bei den Menschen sein. Und sie werden alle miteinander Gott loben ohne Ende. *(Alle Figuren entfernen. Overheadprojektor ausschalten.)*

II. Verkündigung:

Liebe Gemeinde.

„Kommt, denn es ist alles bereit! Schmecket und sehet, wie freundlich unser Herr ist!“ Diese herzliche Einladung dürfen wir allwöchentlich im Abendmahl während des Sonntagsgottesdienstes erleben. Jede Woche werden wir daran erinnert, „wie freundlich unser Herr ist!" Von diesem Herrn haben wir auch gerade in der Geschichte erfahren. Gott hat ein großes Fest vorbereitet. Er will, dass alle zu ihm kommen. Doch ergeht es uns nur allzu oft wie den sogenannten Freunden Gottes. Sie hören die Einladung, können ihr aber nicht Folge leisten. Es tut ihnen sogar außerordentlich leid. Sie lassen sich entschuldigen. (Sie wissen um ihre Schuld.) Jeder von ihnen hat einen wirklich triftigen Grund, nicht zum Fest ihres Freundes gehen zu können. Der eine hat sich ein Stück eigenes Land erworben. Vielleicht plant er, darauf sein Haus zu bauen. Er sorgt für die Zukunft. Der nächste hat sich zehn Ochsen gekauft. Vielleicht muss er nun prüfen, ob sie tauglich sind, das Land zu pflügen. Erst in richtig durchfurchter Erde lässt es sich gut säen, wachsen, reifen und ernten. Er sorgt sich um seine Ernährung. Der letzte schließlich hat geheiratet. Er will sich um seine Frau kümmern, so, wie er es ihr versprochen hat. Vielleicht plant er mit ihr gerade eine Familie. Er sorgt sich um seine Angehörigen. Alle Freunde des Herrn treffen Vorsorge für die Zukunft, alle kümmern sich um den Fortbestand ihres weiteren Lebens. Nur nicht die Blinden, Lahmen und Bettler. Sie leben auf den Straßen und Gassen, sie haben kein festes Haus; kein Land zum Bebauen, keine Ochsen zum Bespannen, keine Familie, um die sie sich sorgen müssten. Sie leben ohne eine Haustür, ohne eine Tür, wie wir sie eben sehen konnten, hinter der man sich einschließen kann. Die man abschließen kann. Hinter der jeder sein Eigentum aufbewahrt und beschützt, hinter der sich jeder abgrenzt. Die Bettler und die Kranken. Sie sind die ersten, die dem einladenden Knecht nicht die Tür vor der Nase zuhauen. Sie sind die ersten, die der Einladung folgen können. Sie haben keine Ausreden, keine wichtigeren Termine; sie haben Zeit, mit Gott das bereits bereitete Fest zu feiern. Sie folgen dem Knecht, sie kommen zum Tisch des Herrn. Doch Gott wartet noch, er hat noch Plätze frei. Sein Tisch ist reichlich gedeckt. Die Nahrung und Speise reicht für alle! Schließlich ruft der Knecht alle zusammen, die er finden kann. Er läuft weit ins Land hinaus und

bringt alle ins Haus des Herrn. Gemeinsam kann nun das große Fest des Herrn beginnen. Gott kann sein Fest feiern und das Mahl mit allen halten, die bereit waren, zu ihm zu kommen.
Auch wir sind nun eingeladen, zu Gottes reich gedecktem Tisch zu kommen und das Mahl mit ihm zu halten. Wir dürfen seiner Einladung jetzt Folge leisten. Sie alle sind dazu recht herzlich eingeladen. Denn es heißt: „Kommt, denn es ist alles bereit! Schmecket und sehet, wie freundlich unser Herr ist!"

Amen.

(3)Pfingstsonntag[5]:
Johannes 16,4b-8.12f: Wirken des Heiligen Geistes

Gnade sei mit uns und Friede von Gott unserem Vater und dem Herrn Jesus Christus. Amen.

Liebe Tauf-Angehörige, liebe Gemeinde.

Der Taufspruch von J. aus dem ersten Johannesbrief, in Kapitel 3, Vers 18 lautete:

Meine Kinder, lasst uns nicht lieben mit Worten noch mit der Zunge, sondern mit der Tat und mit der Wahrheit.[6]

Um die Wahrheit geht es auch in unserem heutigen Predigttext zu Pfingsten. Es ist kein Text über Feuerzungen und Sturmgebraus, kein Text, der Begeisterungswut entfacht, sondern ein recht nüchterner Text, wie ich finde, der

---

[5] (15.5.2005)
[6] Lutherbibel, revidierter Text 1984, durchgesehene Ausgabe, © 1999 Deutsche Bibelgesellschaft, Stuttgart.

noch längst vor dem eigentlichen Pfingstereignis auf die Ankunft des Heiligen Geistes hinweist. Jesus selbst spricht zu seinen Jüngern, deutet auf seinen Weggang hin und verweist auf das Kommen des „Geistes der Wahrheit". Ich lese nun aus den Abschiedsreden Jesu an seine Jünger, Johannesevangelium, Kapitel 16, die Verse 4b bis 8, 12 und 13:

Zu Anfang aber habe ich es euch nicht gesagt, denn ich war bei euch. Jetzt aber gehe ich hin zu dem, der mich gesandt hat; und niemand von euch fragt mich: Wo gehst du hin? Doch weil ich das zu euch geredet habe, ist euer Herz voll Trauer. Aber ich sage euch die Wahrheit: Es ist gut für euch, dass ich weggehe. Denn wenn ich nicht weggehe, kommt der Tröster nicht zu euch. Wenn ich aber gehe, will ich ihn zu euch senden. Und wenn er kommt, wird er der Welt die Augen auftun über die Sünde und über die Gerechtigkeit und über das Gericht; [...] Ich habe euch noch viel zu sagen; aber ihr könnt es jetzt nicht ertragen. Wenn aber jener, der Geist der Wahrheit, kommen wird, wird er euch in alle Wahrheit leiten. Denn er wird nicht aus sich selber reden; sondern was er hören wird, das wird er reden, und was zukünftig ist, wird er euch verkündigen.[7]

Wie schon gesagt, wird hier nicht in prächtigen Bildern das Pfingstereignis ausgeschmückt, in dieser Szenerie befinden wir uns noch mitten in der Übergangszeit. Jesus ist noch mitten unter seinen Jüngern und deutet ihnen erstmals an, dass er selbst nicht ewig bei ihnen sein kann. Statt seiner wird der Geist der Wahrheit kommen. Dieser nüchterne Text lässt uns einige Aspekte von Pfingsten neu erkennen, die in der sonst so üppigen Pfingstfestlichkeit oftmals zu kurz kommen. Es ist nicht die Rede von Glossolalie, von Zungensprache, von der Verständigung aller fremden Völker, von der Vereinigung aller Glaubensrichtungen zu der einen Kirche, deren Geburtstagsfeier an

[7] Lutherbibel, revidierter Text 1984, durchgesehene Ausgabe, © 1999 Deutsche Bibelgesellschaft, Stuttgart.

Pfingsten begangen wird. Es ist hauptsächlich die Rede vom Abschied Jesu und von dem Prozess, den die Jünger in ihrer Gemeinschaft mit Jesus zu durchlaufen haben.

1) Zuerst geschieht ein kurzer Rückblick Jesu in die Vergangenheit: „Zu Anfang habe ich es euch nicht gesagt, denn ich war bei euch."

2) Im Anschluss beschreibt Jesus die Gegenwart: „Jetzt aber gehe ich hin zu dem, der mich gesandt hat; und niemand von euch fragt mich: `Wo gehst du hin?´ Doch weil ich das zu euch geredet habe, ist euer Herz voll Trauer. Aber ich sage euch die Wahrheit. ... Ich habe euch noch viel zu sagen; aber ihr könnt es jetzt nicht ertragen."

3) Zum Abschluss weist Jesus hinüber in die Zukunft: „Es ist gut für euch, dass ich weggehe. Denn wenn ich nicht weggehe, kommt der Tröster nicht zu euch. Wenn ich aber gehe, will ich ihn zu euch senden. Und wenn er kommt, wird er der Welt die Augen auftun über die Sünde und über die Gerechtigkeit und über das Gericht. Wenn aber jener, der Geist der Wahrheit, kommen wird, wird er euch in alle Wahrheit leiten. Denn er wird nicht aus sich selber reden; sondern was er hören wird, das wird er reden, und was zukünftig ist, wird er euch verkündigen."

Der Prozess, den Jesu Jünger - und den auch wir - zu durchlaufen haben, ist also ein Prozess des Fortschreitens in der Wahrheit: 1) „Zu Anfang" brauchen die Jünger noch nicht alles zu wissen, da Jesus noch bei ihnen ist. 2) „Jetzt aber" sagt Jesus ihnen, was geschehen wird. Er klärt sie quasi auf, kann ihnen aber noch nicht alles sagen, da die Jünger noch nicht bereit sind, die Wahrheit vollständig ertragen zu können. 3) Dann, „wenn" Jesus den „Geist der Wahrheit" sendet, wird dieser die Jünger in alle Wahrheit leiten und ihnen sogar verkündigen, was zukünftig ist. „Denn wenn ich nicht weggehe, kommt der Tröster nicht zu euch. Wenn ich aber gehe, will ich ihn zu euch senden."

Wer ist dieser Tröster? Im Griechischen heißt er der „Paraklet" und meint den „zur Unterstützung Herbeigerufenen", den „als Beistand Zugezogenen". Es kann sich um einen Advokaten, einen Anwalt vor Gericht handeln, oder all-

gemeiner um einen Fürsprecher, einen Helfer, einen Mittler, einen, der zugunsten eines anderen tätig wird. Es ist jemand, der ermuntert, tröstet und Trost zuspricht, jemand, der gut zuredet, freundlich zuspricht und gute Worte gibt, aber auch auffordert, aufruft und ermahnt.
Was tut dieser Tröster? „Und wenn er kommt, wird er der Welt die Augen auftun über die Sünde und über die Gerechtigkeit und über das Gericht. Wenn aber jener, der Geist der Wahrheit, kommen wird, wird er euch in alle Wahrheit leiten. Denn er wird nicht aus sich selber reden; sondern was er hören wird, das wird er reden, und was zukünftig ist, wird er euch verkündigen." Der Tröster ist der Geist der Wahrheit. Er öffnet der Welt die Augen über Sünde, Gerechtigkeit und Gericht. Er überführt die Welt in die vollständige Wahrheit. Das Herz der Jünger, das zuvor im Abschiedsschmerz, voller Traurigkeit und Kummer war, wird getröstet werden durch den Tröster, den Geist der Wahrheit. Zuerst müssen die Jünger das Loslassen lernen, müssen Jesus, den sie festhalten wollen, gehen lassen, damit der Tröster kommen kann, der ihnen die Augen für die ganze Wahrheit öffnen möchte. Auch wir müssen lernen, uns von vielem, was uns liebgeworden ist, zu verabschieden, um offen zu werden für die Wahrheit, die zu uns kommen will. Damit wir pfingstlich rufen können: „Komm herbei, du Geist der Wahrheit!"

Und der Friede Gottes, der höher ist als all unsere menschliche Vernunft bewahre unsere Herzen und Sinne in Christus Jesus. Amen.

(4) Ordinationsgottesdienst am Pfingstmontag[8]: Johannes 4,19-26: Jesus und die Samariterin

Gnade sei mit uns und Friede von Gott unserem Vater und dem Herrn Jesus Christus. Amen.

---

[8] (28.5.2007)

Liebe (Pfingst- und Fest-)Gemeinde! (Liebe Schwestern und Brüder!)

So, wie vor zwei Wochen am Sonntag „Rogate“ (übersetzt „Betet“) das „Vaterunser“ im Mittelpunkt der Predigt stand, geht es im heutigen Predigttext um das Thema der „Anbetung“ selbst. Gleich zehnmal ist im Text die Rede von „anbeten“, „den Anbetenden“ und „den wahren Anbetern“. Eine Frau aus Samarien diskutiert mit Jesus über „die wahre Anbetung“. Ich lese aus Johannes, Kapitel 4, die Verse 19 bis 26:

Die Frau [Samaritanerin] spricht zu ihm [Jesus]: Herr, ich sehe, dass du ein Prophet bist. Unsere Väter haben auf diesem Berge angebetet, und ihr sagt, in Jerusalem sei die Stätte, wo man anbeten soll. Jesus spricht zu ihr: Glaube mir, Frau, es kommt die Zeit, dass ihr weder auf diesem Berge noch in Jerusalem den Vater anbeten werdet. Ihr wisst nicht, was ihr anbetet; wir wissen aber, was wir anbeten; denn das Heil kommt von den Juden. Aber es kommt die Zeit und ist schon jetzt, in der die wahren Anbeter den Vater anbeten werden im Geist und in der Wahrheit; denn auch der Vater will solche Anbeter haben. Gott ist Geist, und die ihn anbeten, die müssen ihn im Geist und in der Wahrheit anbeten. Spricht die Frau zu ihm: Ich weiß, dass der Messias kommt, der da Christus heißt. Wenn dieser kommt, wird er uns alles verkündigen. Jesus spricht zu ihr: Ich bin's, der mit dir redet.[9]

Soweit der Text. Was ist mit Anbetung gemeint? Die Frau redet nur von den Alternativen der Kultorte: Jerusalem oder der Berg (Garizim), von der konkurrierenden Rechthaberei der einander gegenüberstehenden Traditionen des Judentum oder der Samaritaner. Jesus bringt hingegen einen anderen Aspekt ins Spiel: es geht nicht um die Örtlichkeit des Gebets, nicht um das

[9] Lutherbibel, revidierter Text 1984, durchgesehene Ausgabe, © 1999 Deutsche Bibelgesellschaft, Stuttgart.

Wo des Gebetes, sondern vielmehr geht es um das Wer im Gebet und das Wie! Fragt die Frau nur danach, wo „man anbeten muss", so fokussiert Jesus, dass es darum geht, den Vater anzubeten und zwar in Geist und Wahrheit – denn Gott ist Geist. Heute an Pfingsten erinnern wir uns insbesondere daran, dass uns Gott seinen Geist gesandt hat. Jenen Geist, der von Gott selbst ist, von ihm ausgegangen, um zu ihm zurückgebracht zu werden, „reflektiert" zu werden in wahrer Anbetung bzw. von den wahren Anbetern. Am heutigen Pfingstfest, in der soeben erfolgten Ordination, wird noch einmal konkret, was Jesus der Frau aus Samaria verkündigte: „Glaube mir, Frau, es kommt die Stunde!" „Es kommt die Stunde – und ist schon jetzt!" In Christus konkretisiert sich die göttliche Verheißung: „Und ist schon jetzt!" Er ist es, der sich jener Frau aus Samarien selbst offenbart hat: „Ich bin es, der mit dir spricht!" Hierin wird – zumindest für die Frau – greifbar und anschaulich, was es mit dem Gott auf sich hat, der sich im sogenannten Alten, im Ersten Testament, selbst als der „Ich bin, der ich bin" bzw. „Ich bin der ich sein werde" bezeichnet. Christus ist der, der im Johannesevangelium gleich mehrfach von sich als von dem „Ich bin" reden und bezeugen wird; in unserem Text übrigens zum ersten Mal. Haben wir auch große Vorstellungs-Schwierigkeiten, wie wir diesem „Ich bin" gegenübertreten sollen, wie wir zu „wahren Anbetern in Geist und Wahrheit" werden können, so sei uns zum Trost gesagt, was Jesus der Frau mitteilte: „Der Vater sucht solche Anbetenden!" Durch diese Aussage brauchen wir uns nicht abschrecken zu lassen, in die Angst treiben zu lassen, dass unser Gebet, unsere Anbetung nicht ausreichend genug sei, quasi ungenügend – wahrscheinlich wird unser Gebet tatsächlich voller Mängel, also mangelhaft sein und bleiben. Im Gegenteil: Diese Aussage kann uns dahingehend trösten, dass sie uns eben von der Suche Gottes mitteilt, von einem Gott, der die „wahrhaft Anbetenden in Geist und Wahrheit" sucht – aufsucht – und ... schließlich auch auffindet! So, wie Jesus jene Frau in Samarien auffand und sie, im Laufe eines längeren Gespräches, aus tiefstem

Unverständnis zum Glauben führen konnte, wie ich nun gerne noch ausführlich mitteilen möchte:
Die Frau, die fünf Männer hatte und mit einem weiteren zu tun hat, der nicht einmal ihr Ehemann ist. Eine Ehebrecherin also, die jeglichen Moralkodex überschreitet, der damals in rabbinischer Geltung war. Überhaupt eine Frau, die insbesondere in der religiösen Thematik nichts zu melden hatte. Zudem noch eine Frau aus Samarien, einer Gegend, die dem damaligen Judentum zuwider war: Aufgrund einer Unterscheidung in der Volkszugehörigkeit – die Samaritaner gingen aus einer Mischung mit den Assyrern hervor – aufgrund einer eigenen Kultstätte – die Samaritaner beteten eben nicht im Tempel zu Jerusalem, sondern auf dem Berg Garizim, sogar noch nach Zerstörung des dort errichteten Heiligtums – und aufgrund des andersartigen Schriftverständnisses – die Samaritaner hatten ihren eigenen Pentateuch, ihre eigene Fassung der Fünf Bücher Mose, welche von derjenigen des Judentums abwich, kannten zudem die übrigen Schriften nicht als heilige an. Jesus musste auf seinem Weg von Judäa (im Süden) nach Galiläa (im Norden) zwangsläufig das Gebiet Samaria (in der Mitte) durchqueren. Während seine Jünger sich auf den Weg in die Stadt Sychar (das heutige Sichem) begeben, um Essen zu besorgen, zieht Jesus sich – müde von der langen Fuß-Strecke – an den Jakobsbrunnen zurück, an einen Ort also, an dem man der Väter und Vätersväter gedenkt und diese verehrt. Hier, zur sechsten Stunde, nach unserem Zeitverständnis gegen zwölf Uhr Mittags, wenn die Sonne im Zenit steht und somit der Tag am heißesten ist, ruht er sich aus. Hier begegnet ihm jene Frau, die mit ihrem Krug zum Brunnen kommt, um Wasser zu schöpfen. Jesus bittet sie (Johannes 4,7c):

[...] Gib mir zu trinken![10]

[10] Lutherbibel, revidierter Text 1984, durchgesehene Ausgabe, © 1999 Deutsche Bibelgesellschaft, Stuttgart.

Sie ist zu Recht irritiert über diese Ansprache. Da Juden generell keine Gemeinschaft mit Samaritanern pflegten, es zudem grundsätzlich jedem jüdischen Mann untersagt war, überhaupt mit einer ihm nicht eigenen Frau ein Zwiegespräch zu führen, muss das Gespräch Jesu mit einer Frau aus Samarien dementsprechend als Bruch eines doppelten Tabus betrachtet werden. Sie erwidert also (Johannes 4,9b):

[...] Wie – du bittest mich um etwas zu trinken? Du, der du ein Jude bist und ich eine samaritanische Frau? [...][11]

Dann entwickelt sich daraus ein (verhängnisvolles) Gespräch. Zunächst entgegnet ihr Jesus (Johannes 4,10b):

[...] Wenn du nur die Gabe Gottes erkennen könntest und den, der zu dir spricht, du bätest ihn und er gäbe dir lebendiges Wasser![12]

Diese Aussage überfordert die Samaritanerin allzusehr. Sie bleibt auf der Ebene der Sinnlichkeit und der Geistigkeit Jesu gegenüber begriffsstutzig, wie ihre Äußerung zu verstehen gibt (Johannes 4,11b.12):

[...] Herr, hast du doch nichts, womit du schöpfen könntest, und der Brunnen ist tief; woher hast du dann lebendiges Wasser? Bist du mehr als unser Vater Jakob, der uns diesen Brunnen gegeben hat? Und er hat daraus getrunken und seine Kinder und sein Vieh.[13]

---

[11] Lutherbibel, revidierter Text 1984, durchgesehene Ausgabe, © 1999 Deutsche Bibelgesellschaft, Stuttgart.
[12] Lutherbibel, revidierter Text 1984, durchgesehene Ausgabe, © 1999 Deutsche Bibelgesellschaft, Stuttgart.
[13] Lutherbibel, revidierter Text 1984, durchgesehene Ausgabe, © 1999 Deutsche Bibelgesellschaft, Stuttgart.

Wiederum fordert Jesus sie auf ein Weiteres heraus, indem er zu ihr spricht (Johannes 4,13b.14):

Wer von diesem Wasser trinkt, den wird wieder dürsten; wer aber von dem Wasser trinken wird, das ich ihm gebe, den wird in Ewigkeit nicht dürsten, sondern das Wasser, das ich ihm geben werde, das wird in ihm eine Quelle des Wassers werden, das in das ewige Leben quillt.[14]

Das Interesse der Frau an diesem lebendigen Wasser, an dem ewigen Lebens-Quell ist geweckt. Dennoch scheint die Frau nicht im Stande, Jesu Rede vollends zu verstehen. Sie bittet ihn (Johannes 4,15):

Herr, gib mir solches Wasser, damit mich nicht dürstet und ich nicht herkommen muss, um zu schöpfen![15]

Nun erst, nachdem Jesus sie wiederum bittet (Johannes 4,16b):

Geh hin, ruf deinen Mann und komm wieder her![16],

sie daraufhin ausweichend antwortet (Johannes 4,17b):

[...] Ich habe keinen Mann![17],

Jesus sie enttarnend in ihrer scheinbar rechtmäßigen Aussage bestätigt, ihr auf den Kopf zusagt (Johannes 4,17d.18):

---

[14] Lutherbibel, revidierter Text 1984, durchgesehene Ausgabe, © 1999 Deutsche Bibelgesellschaft, Stuttgart.
[15] Lutherbibel, revidierter Text 1984, durchgesehene Ausgabe, © 1999 Deutsche Bibelgesellschaft, Stuttgart.
[16] Lutherbibel, revidierter Text 1984, durchgesehene Ausgabe, © 1999 Deutsche Bibelgesellschaft, Stuttgart.
[17] Lutherbibel, revidierter Text 1984, durchgesehene Ausgabe, © 1999 Deutsche Bibelgesellschaft, Stuttgart.

Du hast recht geantwortet: Ich habe keinen Mann. Fünf Männer hast du gehabt und der, den du jetzt hast, ist nicht dein Mann; das hast du recht gesagt.[18],

nun erst bekommt die Frau eine Ahnung davon, mit wem sie es zu tun hat. Ihre erste Erkenntnis war die augenscheinliche: Es ist ein Mann! Die zweite Erkenntnis folgte nach der ersten Ansprache Jesu, vielleicht aufgrund einer sprachlichen Verschiedenheit: Es ist kein Samaritaner, es ist ein Jude! Als nächstes erkennt sie zumindest an, mit diesem jüdischen Mann gemeinsam in einer Tradition zu stehen, indem sie immerhin von „unserem Vater Jakob" spricht, auf den der Brunnen zurück geht und damit auch der Grund und Boden, auf dem sie beide stehen, ein historisch gemeinsamer ist. Erst allmählich dämmert in ihr, dass dieser jüdische Mann am Brunnen eventuell ein Größerer sein könne als der, auf den die Brunnen-Gründung zurückgeht. Einer, der von lebendigem Wasser aus einer Quelle spricht, das einen in Ewigkeit nicht mehr dürsten lässt und nicht nur von einem kühlen Brunnenschacht in der Mittagshitze. Nun aber, nachdem Jesus ihr Leben durchschaut hat und das Spiel, das sie treibt, glaubt sie sehen zu können, dass Jesus wohl ein Prophet sein muss, da er mit solch ungewöhnlichen Fertigkeiten begabt zu sein scheint.
Hier setzt unser Predigttext ein und die Debatte um den rechten Kultort: Jerusalem oder Garizim (heute würde vielleicht eher gestritten um Köln, Düsseldorf, Rom, Jerusalem, Mekka oder Fernost ...). Dann, nachdem sie schon die Gemeinsamkeit in der Herkunft bzw. der Abstammung von „Vater Jakob" feststellen konnte, stellt sie - innerhalb des Predigttextes – noch eine jüdisch/samaritanische Hoffnung fest: die Erwartung auf den kommenden Messias, Christus, den Gesalbten, der alles verkündigen wird. Als dann, gleich-

[18] Lutherbibel, revidierter Text 1984, durchgesehene Ausgabe, © 1999 Deutsche Bibelgesellschaft, Stuttgart.

sam als Höhepunkt der Geschichte, Jesus sich als eben dieser offenbart, lässt die Frau ihren Krug stehen, geht zurück in die Stadt und verkündigt den dortigen – samaritanischen Bewohnern, dass sie dem Christus begegnet sei. Eine eigenartige Geschichte: Jesus, der müde am Brunnen ruht, etwas trinken möchte und doch nichts zu trinken bekommt – und eine Frau auch Sichem, die extra mit einem Krug aus der Stadt herbei kommt, um Wasser zu schöpfen, doch weder für sich noch für Jesus Wasser aus dem Jakobsbrunnen zu trinken erhält, sondern stattdessen den Krug am Brunnen stehen lässt, um von dannen zu eilen. Trotz dieser scheinbaren Absurdität lässt sich doch einiges gerade an dieser Geschichte verdeutlichen: Wenn auch beide, der jüdische Mann Jesus und die namenlose Frau aus Samarien keinen Schluck aus dem Brunnen des Erzvaters Jakob zu trinken bekommen, dennoch sind sie sich, aufgrund ihrer „Erschöpfung“, ihres Lebens-Durstes, aufgrund ihres Bedürfnisses nach Wasser am Brunnen begegnet, konnten tief „aus der Quelle schöpfen“ und somit ihren Durst „stillen“. In allen Irrnissen und Wirrnissen um den richtigen Kultort, das richtige Heiligtum, konnten sich beide am Jakobs-Brunnen verorten und sich in ihren unterschiedlichen Standorten an-erkennen. Jesus erkannte in der samaritanischen Ehebrecherin eine suchende und lebens-durstige Frau und verheißt ihr deshalb die Gabe lebendigen Wassers, legt in ihr eine Quelle an, die ins ewige Leben quillt und gibt sich ihr als der „Ich bin – der ich bin“ zu erkennen, als der verheißene Messias, als der verkündigte Christus, der alles offenbart und sie, indem er mit ihr spricht, aufzeigt, dass die Stunde gekommen ist, Gott, den Vater, in Geist und Wahrheit anzubeten. Jetzt ist die Stunde – nun ist´s! Die wahre Anbetung geschieht nur dort, wo ein Mensch sich gleichsam in Gottes Wesen hinein nehmen lässt. Und da Gott – wie es im Text lautet – Geist ist (Theos pneuma estin), muss ein wahrer „Gottesanbeter“ / eine wahre „Gottesanbeterin“ Gott eben wahrhaftig in Geist und in Wahrheit anbeten. Anbeten (Proskü-neo) meint in diesem Fall das huldigende Anrufen, die beinahe fußfällige Verehrung Gottes, die kniefällige Bitte, konkret die Beugung unter den Willen

Gottes als des Erhabenen mit der inneren Haltung der Ehrerbietung und Demut – so, wie ich eben innerhalb des Ordinationsgeschehens tatsächlich physisch niederkniete. Nicht also das Beten am rechten Kultort, nicht das Absolvieren eines korrekt gesprochenen Gebetstextes, nicht die Verrichtung eines wie auch immer erbrachten (Selbst-)Opfers soll in der wahren Anbetung „geleistet“ werden, sondern die wahre Anbetung geschieht in Geist und Wahrheit, indem sich der oder die Betende „offen hält für Gott“, „empfänglich bleibt für Christus“. Wir dürfen uns von Gott, unserem Vater, der sich aufmacht, die wahren Anbeter in Geist und Wahrheit zu suchen, wahrhaft „finden lassen“. Wir können, gar pfingstlich, Raum lassen für Gottes Geist, hinausgehend zum Brunnen in die pfingstliche Bitte versenkt: „O komm, Heiliger Geist, und kehre bei mir / bei uns ein!“

Und der Friede Gottes, der höher ist als all´ unsere menschliche Vernunft bewahre unsere Herzen und Sinne in Christus Jesus. Amen.

(5)1. Sonntag nach Trinitatis[19]:
Johannes 5,39-47: Jesu Rede über seine Vollmacht

Gnade sei mit uns und Friede von Gott unserem Vater und dem Herrn Jesus Christus. Amen.

Liebe Gemeinde.

„Wenn dein Kind dich morgen fragt ...“. Unter diesem Motto stand der diesjährige Kirchentag in Hannover. Heute – jetzt gerade – wird dort der Abschlussgottesdienst gefeiert. „Wenn dein Kind dich morgen fragt ...“. Diesen Satz

[19] (29.5.2005)

können wir `beliebig´ fortsetzen: ... was antwortest du dann? ... wie verantwortest du dich (dann)? ... was kannst du sagen, weitergeben, mitteilen?
Frau S. hat sich für die Taufe ihres Sohnes M. einen weisheitlichen Spruch (Sprüche 4,23) ausgesucht, an den sie ihn wird erinnern können, wenn ihr Kind sie morgen fragt ...:

„Behüte dein Herz mit allem Fleiß, denn daraus quillt das Leben."[20]

Bzw.

„Mehr als alles hüte dein Herz; denn von ihm geht das Leben aus."[21]

„Wenn dein Kind dich morgen fragt ...". Was werden uns unsere Kinder morgen fragen? „Warum hast du das so gemacht?" „Wie hast du gelebt?" „Woran hast du geglaubt?" „Worauf hoffst du?" „Welche Visionen hast du?" „Was träumst du?" Spätestens unsere Kinder erinnern uns daran, welche Lebensträume wir einmal hatten. Unsere Kinder können uns aufmerksam machen auf das, was wirklich im Leben von Bedeutung ist. Von unsern Kindern können wir erneut lernen, auf Wesentliches zu achten. Schon Jesus hat versucht, die Menschen seiner Zeit zur Besinnung zu bringen, ihnen klar zu machen, was sie eigentlich suchen und aufzuzeigen, dass sie die falsche Methode anwenden, um zum erhofften Ziel zu kommen. Nachdem er gerade einen Kranken am Sabbat geheilt hat, weist er nun die zurecht, die an Jesu `ungesetzlichem´ Verhalten Anstoß nehmen. Ich lese aus dem Johannesevangelium, Kapitel 5, die Verse 37 bis 47:

---

[20] Lutherbibel, revidierter Text 1984, durchgesehene Ausgabe, © 1999 Deutsche Bibelgesellschaft, Stuttgart.
[21] Einheitsübersetzung der Heiligen Schrift
© 1980 Katholische Bibelanstalt, Stuttgart.

Der Vater, der mich gesandt hat, hat von mir Zeugnis gegeben. Ihr habt niemals seine Stimme gehört noch seine Gestalt gesehen und sein Wort habt ihr nicht in euch wohnen; denn ihr glaubt dem nicht, den er gesandt hat. Ihr sucht in der Schrift, denn ihr meint, ihr habt das ewige Leben darin; und sie ist's, die von mir zeugt; aber ihr wollt nicht zu mir kommen, dass ihr das Leben hättet. Ich nehme nicht Ehre von Menschen; aber ich kenne euch, dass ihr nicht Gottes Liebe in euch habt. Ich bin gekommen in meines Vaters Namen, und ihr nehmt mich nicht an. Wenn ein anderer kommen wird in seinem eigenen Namen, den werdet ihr annehmen. Wie könnt ihr glauben, die ihr Ehre voneinander annehmt, und die Ehre, die von dem alleinigen Gott ist, sucht ihr nicht? Ihr sollt nicht meinen, dass ich euch vor dem Vater verklagen werde; es ist einer, der euch verklagt: Mose, auf den ihr hofft. Wenn ihr Mose glaubtet, so glaubtet ihr auch mir; denn er hat von mir geschrieben. Wenn ihr aber seinen Schriften nicht glaubt, wie werdet ihr meinen Worten glauben?[22]

Soweit die Rede Jesu. Auch wir dürfen uns durch diese Rede ermahnen lassen: a) Jesus spricht deutlich aus, worauf wir ausgerichtet sind: auf „das Leben", wonach wir wirklich suchen: nach „dem ewigen Leben"; b) ebenso deutlich spricht er aus, worin die falsche Methode besteht, um zu diesem ewigen Leben gelangen zu können: dass wir meinen, das ewige Leben in der Schrift sozusagen verfügbar zu haben, dass wir Menschen annehmen, die „in ihrem eigenen Namen" kommen, und dass wir „voneinander Ehre annehmen"; c) und genauso klar macht er uns, worin der richtige Weg liegt, zum Leben, zum ewigen Leben zu gelangen: das „Wort Gottes in sich wohnen zu haben", die „Liebe Gottes in sich zu haben", allein „Gottes Ehre zu suchen" und zu „glauben". Jesus will uns nicht verklagen, er spricht nicht zu uns, um uns zu richten und zu verurteilen. Er will uns stattdessen zum Glauben führen, zur Liebe und somit zu dem, was er „ewiges Leben" nennt. Wir brauchen nicht die

[22] Lutherbibel, revidierter Text 1984, durchgesehene Ausgabe, © 1999 Deutsche Bibelgesellschaft, Stuttgart.

Schrift aus-wendig zu lernen, wir dürfen das Wort Gottes in-wendig in uns erkennen. Wir müssen auch nicht länger darin verhaftet sein, Liebe und Ehre im Außen zu suchen und zu erringen, wir können die Liebe Gottes, die das ewige Leben ist, zur Ehre Gottes in uns spüren.
So, wie es im Taufspruch heißt: „Behüte dein Herz mit allem Fleiß, denn daraus quillt das Leben". Bzw.: „Mehr als alles hüte dein Herz; denn von ihm geht das Leben aus." In diesem kurzen Taufspruch finde ich den gesamten Predigttext zusammengefasst: Aus dem Herzen quillt das Leben, vom Herzen geht das Leben aus. Im Herzen wohnt die Liebe, das Herz ist die Quelle ewigen Lebens. Im Herzen will Gott wohnen, im Herzen können wir die Stimme Gottes vernehmen. Im Herzen können wir Gottes Gestalt sehen, im Herzen können wir Gott erkennen. Dann lernen auch wir einander kennen und vermögen zu unterscheiden, wem wir unsere Ehre geben, von wem wir Ehre suchen und annehmen. Dann können wir klar sehen, wer „in Gottes Namen" zu uns kommt und wer in seinem eigenen Namen zu uns spricht. Dann erkennen wir deutlich, wer kommt, uns zu verklagen oder wer kommt, um uns zu heilen, sei es auch eine Heilung – wider das Gesetz des Mose, an einem Sabbattag. Auch uns gilt die Frage, die Jesus dem Kranken stellte, bevor dieser geheilt werden konnte (Johannes 5,6c):

[...] Willst du gesund werden?[23]

Willst du gesund werden ..., dann hört auf das Zeugnis, das der Vater euch gegeben hat, hört auf seine Stimme, seht seine Gestalt, habt sein Wort in euch wohnen. Glaubt dem, den er gesandt hat. Sucht das ewige Leben, kommt zu Gott, dass ihr das Leben habt. Habt Gottes Liebe in euch. Nehmt Gott an! Sucht die Ehre, die von dem alleinigen Gott ist! Willst du gesund werden ..., dann suche das ewige Leben nicht in der Schrift, dann nimm nicht

---

[23] Lutherbibel, revidierter Text 1984, durchgesehene Ausgabe, © 1999 Deutsche Bibelgesellschaft, Stuttgart.

Ehre von Menschen, dann nimm den nicht an, der in seinem eigenen Namen kommt, dann nehmt nicht Ehre voneinander, dann hoffe nicht auf einen (Mose), der dich verklagt. Willst du gesund werden? Dann (Johannes 5,8b):

[...] Steh auf, nimm dein Bett und geh hin![24]

Bzw. (Johannes 5,14b):

[...] Siehe, du bist gesund geworden; sündige hinfort nicht mehr, dass dir nicht etwas Schlimmeres widerfahre.[25]

Und der Friede Gottes, der höher ist als all unsere menschliche Vernunft bewahre unsere Herzen und Sinne in Christus Jesus. Amen.

(6)2. Sonntag nach Trinitatis[26]: Jesaja 55,1-3b: Einladung zum Gnadenbunde Gottes

Liebe Gemeinde.

Im heutigen Predigttext geht es ums Kommen, ums Kaufen und Essen, ums Hören, ums Trinken und Laben und ums Leben. Ich lese aus Jesaja 55,1 - 3b:

Wohlan, alle, die ihr durstig seid, kommt her zum Wasser! Und die ihr kein Geld habt, kommt her, kauft und esst! Kommt her und kauft ohne Geld und umsonst Wein und Milch! Warum zählt ihr Geld dar für das, was kein Brot ist,

[24] Lutherbibel, revidierter Text 1984, durchgesehene Ausgabe, © 1999 Deutsche Bibelgesellschaft, Stuttgart.
[25] Lutherbibel, revidierter Text 1984, durchgesehene Ausgabe, © 1999 Deutsche Bibelgesellschaft, Stuttgart.
[26] (24.6.2001)

und sauren Verdienst für das, was nicht satt macht? Hört doch auf mich, so werdet ihr Gutes essen und euch am Köstlichen laben. Neigt eure Ohren her und kommt zu mir! Höret, so werdet ihr leben![27]

Im Predigtvorbereitungskreis haben wir uns zwei Wochen lang mit diesem Text beschäftigt und festgestellt, dass trotz längerer Auseinandersetzung noch einiges offenbleibt. So stellt sich z.B. nach wie vor die Frage, wie es möglich sein soll, ohne Geld und umsonst zu kaufen. Es passt nicht in unsere Vorstellungswelt, etwas ohne Geld zu kaufen, etwas käuflich zu erwerben, ohne Geld zu haben. Die Zeiten des Tauschhandels sind vorbei. Etwas umsonst kaufen zu wollen, erweist sich, unserem Denken nach, als absurd, als komplett unmögliches Unterfangen. Nach dem, was ich umsonst kaufen soll, suche ich vergeblich. Was ich im Kauf umsonst erhalten sollte, das kann schon deshalb nichts Gutes sein! Gute Dinge haben ihren Preis und was nichts kostet, ist auch nichts. Wenn ich mir also nichts andrehen lassen will, dann lasse ich doch einfach die Finger davon. Oder? Im Bibeltext steht dennoch: Kommt her! Kauft ohne Geld! Kauft umsonst Wein und Milch! Kommt, die ihr kein Geld habt! Kommt her, kauft und esst! Wie ist zu verstehen, dass hier jemand derart marktschreierisch zum Kauf auffordert – wohlgemerkt, zum Kauf ohne Geld? Der Text erklärt sich selbst. Es heißt nämlich weiter: Warum zählt ihr Geld dar für das, was kein Brot ist und sauren Verdienst für das, was nicht satt macht? Diese Schilderung kommt unserer finanziellen Sichtweise wesentlich näher: Hier wird mit Geld gekauft und bezahlt. Es geht hier um sauer Verdientes. Hier wird klar: wer essen will, muss arbeiten, sich hart sein Geld verdienen und sich um den Broterwerb kümmern. Nach dem Motto: ohne Arbeit keinen Verdienst, ohne Verdienst kein Geld und ohne Geld kein Brot. Doch geht die Rechnung weniger glatt auf, als sie uns eingänglich erscheint: Es geht zwar um sauer Verdientes und um Geld. Doch die

[27] Lutherbibel, revidierter Text 1984, durchgesehene Ausgabe, © 1999 Deutsche Bibelgesellschaft, Stuttgart.

Rede ist davon, dass hier geschuftet, gezählt und gezahlt wird, ohne dass jemand jemals davon satt werden könnte! Hier wird zwar verdient und gezahlt, doch der Erwerb bringt nur ein, was kein Brot ist und was demzufolge auch nicht satt macht. Hier wird also im wahrsten Sinne des Wortes umsonst geschuftet! Unser Text erläutert somit zwei unterschiedliche Auffassungen des Wortes umsonst: Auf der einen Seite wird umsonst sauer verdient und gezählt im Sinne von vergeblicher Liebesmühe, von der niemand auch nur annähernd satt werden kann – und auf der anderen Seite wird umsonst Speise und Trank dargeboten, indem es kostenlos als Sättigendes und Durststillendes verabreicht werden soll. Angesprochen und eingeladen sind alle die, die sich angesprochen und eingeladen fühlen. Es ist kein stilles und leises Angebot, es ist in keinster Weise geheimgehalten, sondern wahrhaft „unheimlich". Offiziell, und, wie eben schon gesagt, marktschreierisch, ruft hier jemand seine Ware aus! He! Ihr da! Ja, ihr, ihr alle! Kommt her! Kommt zu mir! Kauft hier bei mir! Esst und trinkt bei mir! Das ist Marktschreierei, wie sie sich auch ein heutiger Händler noch aus der Bibel abschauen könnte! Da wirbt jemand gerade heraus, preist seine Ware an und bietet sie zum Kauf feil. Wir können uns die Werbung lautstark und lauthals vorstellen, wenn hier eine Aufforderung die nächste jagt: Kommt! Kommt her! Kauft und esst und kommt und kauft! Kauft ohne Geld und kauft umsonst! Hört her! Hört auf mich! Hört doch und kommt zu mir! Angesprochen sind insbesondere die, die durstig sind und nach Wasser lechzen. Sie werden eingeladen, zum Wasser zu kommen und ihren Durst zu stillen. Direkt angeredet werden ebenso die, die kein Geld haben. Sie werden buchstäblich eingeladen, nicht nur zu kommen und ohne Geld und umsonst zu kaufen, sondern wahrhaftig eingeladen, ohne etwas zahlen zu müssen. Der Gastgeber will sie zudem nicht nur mit Wasser bewirten, sondern, weitaus luxuriöser, mit Wein und Milch. Angesprochen werden indirekt auch die, die hungern. Sie mögen zwar Geld verdienen und zahlfähig sein, aber dennoch werden sie von dem, was sie sich davon leisten können, niemals satt. Sie schuften sich halbtot und bleiben dennoch hungrig. Gerade sie werden eingeladen, Gutes zu essen und sich an Köstlichem und Fettem zu laben. Es gibt demnach nicht nur trockenes Brot, sondern richtig nahrhafte, fette Speise, die den Hunger stillt und wirklich satt macht. Hier kann die Doppeldeutigkeit des Wortes „satt" klar werden: Diejenigen, die das ewige saure Geldverdienen und Geld abzählen satt haben, werden eingeladen, sich sättigen zu lassen und satt zu werden. Mir sind dazu die Seligpreisungen eingefallen, in denen ebenso die Durstigen, die Armen und die Hungrigen angesprochen werden (Matthäus 5,3):

Selig sind, die da geistlich arm sind, denn ihrer ist das Himmelreich.[28]

Bzw. (Matthäus 5,6):

Selig sind, die da hungert und dürstet nach der Gerechtigkeit; denn sie sollen satt werden.[29]

Hier wird die Sättigung derer verheißen, die nach Gerechtigkeit hungern und dürsten. Konkreter wird die Verheißung in einem Jesus-Wort, in welchem er die Hungernden und die Durstenden anspricht und ihnen wahre Speise und wahren Trank anbietet (Johannes 6,27a):

Schafft euch Speise, die nicht vergänglich ist, sondern die bleibt zum ewigen Leben. [...][30]

Bzw. (Johannes 6,35b):

---

[28] Lutherbibel, revidierter Text 1984, durchgesehene Ausgabe, © 1999 Deutsche Bibelgesellschaft, Stuttgart.
[29] Lutherbibel, revidierter Text 1984, durchgesehene Ausgabe, © 1999 Deutsche Bibelgesellschaft, Stuttgart.
[30] Lutherbibel, revidierter Text 1984, durchgesehene Ausgabe, © 1999 Deutsche Bibelgesellschaft, Stuttgart.

[...] Ich bin das Brot des Lebens. Wer zu mir kommt, den wird nicht hungern; und wer an mich glaubt, den wird nimmermehr dürsten.[31]

Es wird hier deutlich unterschieden zwischen vergänglicher Speise, die nicht satt macht und dem Brot des Lebens, das nicht mehr hungern lässt. Voraussetzung ist einzig und allein das Kommen und Glauben. Um die Bereitschaft des Kommens und des Glaubens geht es noch einmal, wenn Jesus sagt (Johannes 7,37b.38):

[...] Wen da dürstet, der komme zu mir und trinke! Wer an mich glaubt, wie die Schrift sagt, von dessen Leib werden Ströme lebendigen Wassers fließen.[32]

Noch einmal bietet Jesus Wasser und die ewige und endgültige Durststillung an. Er unterscheidet allerdings zwischen gewöhnlichem und durststillendem Wasser, indem er sagt (Johannes 4,13b.14):

[...] Wer von diesem Wasser trinkt, den wird wieder dürsten; wer aber von dem Wasser trinken wird, das ich ihm gebe, den wird in Ewigkeit nicht dürsten, sondern das Wasser, das ich ihm geben werde, das wird in ihm eine Quelle des Wassers werden, das in das ewige Leben quillt.[33]

Nur wer hingeht, um sich Wasser geben zu lassen, der kann auch trinken. Wie hier allerdings unterschieden wird zwischen Wasser, das entweder durstig lässt oder wieder dursten lässt und dem Wasser, das in Ewigkeit nicht dursten lässt, so wird auch in unserem Text unterschieden zwischen dem

[31] Lutherbibel, revidierter Text 1984, durchgesehene Ausgabe, © 1999 Deutsche Bibelgesellschaft, Stuttgart.
[32] Lutherbibel, revidierter Text 1984, durchgesehene Ausgabe, © 1999 Deutsche Bibelgesellschaft, Stuttgart.
[33] Lutherbibel, revidierter Text 1984, durchgesehene Ausgabe, © 1999 Deutsche Bibelgesellschaft, Stuttgart.

Nicht-Brot, das nicht sättigt und der guten, köstlichen Speise, die satt macht: Warum zahlt ihr Geld für Nicht-Brot und sauren Verdienst für Nicht-Sättigendes? Hört doch auf mich und ihr werdet Gutes essen und eure Seelen am Köstlichen laben! Alle Hungrigen werden aufgefordert, sich an guter Speise zu laben und alle Durstigen und nach Wasser Lechzenden werden eingeladen, zum Wasser zu kommen, um ihren Durst zu stillen: He! Alle, die ihr durstig seid, kommt her zum Wasser! Die sich nach Brot Verzehrenden sollen Fett bekommen und die nach Wasser Hechelnden sollen Wein und Milch erhalten. Es ist der Aufruf und die Einladung, zu einem üppigen Freuden- und Festmahl zu kommen. Einzige Vorraussetzung ist das Hungrig- und Durstigsein und die Bereitschaft, die Einladung zu hören und zum Mahl zu kommen. Der Charakter der Einladung besteht schlichtweg darin, dass ihr nur derjenige nachkommen kann, der sie erhält, sie wahrnimmt und ihr folgt, indem er hingeht! Eine derartige Einladung können wir auch dem Wochenspruch entnehmen. Er lautet (Matthäus 11,28):

Kommt her zu mir, alle, die ihr mühselig und beladen seid; ich will euch erquicken.[34]

Eine sogar dreifache Kommens-Einladung steht in der Offenbarung, wo es heißt (Offenbarung 22,17):

Und der Geist und die Braut sprechen: Komm! Und wer es hört, der spreche: Komm! Und wen dürstet, der komme; und wer da will, der nehme das Wasser des Lebens umsonst.[35]

---

[34] Lutherbibel, revidierter Text 1984, durchgesehene Ausgabe, © 1999 Deutsche Bibelgesellschaft, Stuttgart.
[35] Lutherbibel, revidierter Text 1984, durchgesehene Ausgabe, © 1999 Deutsche Bibelgesellschaft, Stuttgart.

Allen gilt es, zu kommen. Den Hörenden gilt es, zum Mitkommen einzuladen. Den Dürstenden gilt es, zu kommen und zu trinken. Es geht also, wie in unserem Text, ums Kommen und ums Hören. Zum Kommen heißt es bei Jesaja gleich vierfach: Kommt her zum Wasser, die ihr durstig seid! Kommt her zu kaufen und zu essen, die ihr kein Geld habt! Kommt her, umsonst und ohne Geld, Wein und Milch zu kaufen! Kommt her zu hören, und ihr sollt leben! Die Einladung des Kommens ist eine Einladung zum Trinken, zum Essen, zum Kaufen ohne Geld, zum Hören und zum Leben! Was das Hören anbelangt, heißt es dreifach: Hört! Hört doch auf mich! Und ihr werdet Gutes essen und Heilsames genießen! Hört doch auf mich, so werdet ihr euch am Köstlichen und Fetten laben! Höret, so werdet ihr leben! Eure Gemüter werden wieder aufleben! Verstärkt wird die Aufforderung des Hörens zusätzlich durch die, die Ohren zum Hören herzu neigen: Neigt eure Ohren her! Streckt eure Ohren aus und kommt her zu mir! Diesbezüglich können auch wir uns angesprochen fühlen und ansprechen lassen. Auch wir werden in diesem Text eingeladen, zu kommen und zu hören. Zu wem wir allerdings gehen und wem wir unsere Ohren zuneigen wollen, das bleibt allerdings uns überlassen.

Amen!

(7)2. Sonntag nach Trinitatis[36]:
Jesaja 55,1-5: Die Teilnahme des ganzen Volkes am Heil

Gnade sei mit uns und Friede von Gott unserem Vater und dem Herrn Jesus Christus. Amen.

Liebe Gemeinde!

[36] (17.6.2007)

„Watt nix kost´, datt docht och nix!“ Auf Hochdeutsch: „Was nichts kostet, das taugt auch nichts!“ Eine Volksweisheit, die, wie jede Weisheit des Volkes, sehr tief sitzt. Trotz aller Gegenparolen, wie das neumodische „Geiz ist geil!“, bleibt der innere Vorbehalt allem Billigen gegenüber, geschweige denn, den Dingen im Leben, die sich „kostenlos“ geben lassen. So entsteht ein absurdes Hin- und Her-Gerissensein zwischen Schnäppchen-Jägerei einerseits und neidischen Blicken hin zu unerschwinglichen Luxus-Markenartikeln andererseits und auf die, die sie sich leisten können. Und das „gefühlte Loch“, das durch „unerfüllte Habgier“ entsteht, muss schließlich doch gefüllt werden, mit unzähligen überflüssigen Konsum-Waren. So werden wir alle mit hineingezogen und –gesogen in den Rausch des Warendumpings, von Aus-, Schluss- und Räumungsverkauf, und werden schließlich ebenso schnell mitschuldig an Lohndumping und Ausbeutung allzu billiger Arbeitskräfte. Profit-Gier und Konsum-Terror gibt es nicht erst in materialistisch geprägten Zeiten gegenwärtiger kapitalistischer Markt-Wirtschaft, sondern gab es schon vor knapp drei Jahrtausenden, vor ca. 2600 Jahren. Die Oberschicht der Jerusalemer Stadtbevölkerung wurde ins babylonische Exil verschleppt. Der Tempel, als vorgestellter „Sitz Gottes im Leben“, war zerstört und damit auch der gesamte Glaube an die Wirkkraft Gottes für die weitere Zukunft. Das deportierte Volk, fernab von Heimat und Verwurzelung, wurde anfällig für den fremden Götzendienst der Babylonier. Da der eigene Gott ein tot-geglaubter war, galt es nun, sich der Zuneigung und Gewogenheit fremder Götter habhaft zu machen. Nach dem uns bekannten Motto: „gut ist nur, was auch teuer ist“, gerieten die dem neuen Kult verfallenen Israeliten in immer tiefere Abhängigkeit. Als Fremde und Nicht-Dazugehörige innerhalb der neu-umgebenden Bevölkerung wollten sie besonders gut angepasst sein und mithalten können. Besonders viel Gottes-Schutz und Lebens-Versicherung kostete aber auch besonders viel Geld. Ähnlich wie heute, forderte auch damals schon der zu erringende Status seinen Preis. Und mitten hinein in diese Gott-Verlassenheit hebt ein Prophet seine Stimme und erinnert an die Zusage des nach wie vor lebendigen „eigenen“ Gottes! Mitten hinein in Hoffnungslosigkeit und Resignation fordert der Prophet, sich der reichlich überfließenden Gnade des allmächtigen Lebensschöpfers anzuvertrauen. Ich lese aus Jesaja 55,1-3b:

Wohlan, alle, die ihr durstig seid, kommt her zum Wasser! Und die ihr kein Geld habt, kommt her, kauft und esst! Kommt her und kauft ohne Geld und umsonst Wein und Milch! Warum zählt ihr Geld dar für das, was kein Brot ist, und sauren Verdienst für das, was nicht satt macht? Hört doch auf mich, so werdet ihr Gutes essen und euch am Köstlichen laben. Neigt eure Ohren her und kommt her zu mir! Höret, so werdet ihr leben![37]

Mitten in diese von Angebot und Nachfrage geregelte Welt des Marktes kommt die Stimme Gottes gleichsam im Gewande eines „Marktschreiers“ daher. Lauthals verkündet der Prophet (Trito-)Jesaja das verlockende Angebot des Herrn. Es klingt „auf den ersten Blick“, beim ersten Hinhören, wie auf einem Wochenmarkt: Kauft nicht bei meinem Kollegen, nicht nebenan, kauft hier, bei mir, meine Ware ist die Beste! Meine Ware ist günstiger, qualitativ hochwertiger, ja, sie ist sogar umsonst. Unglaublich, dieses Angebot Gottes! Erst bei eingehender Betrachtung, bei genauerem Hinhören erschließt sich dieser Text. Die Israeliten werden, so, wie sie es in Babylonien gewohnt sind, wie Kunden angesprochen. Doch ist dieses Angebot Gottes wahrhaft einzigartig! Nirgendwo sonst gibt es etwas „ohne Geld“ zu kaufen! Nirgendwo sonst gibt es etwas „wahrhaft Kostbares“ umsonst! Die Grundbedürfnisse menschlichen Lebens werden angesprochen: hungrig und durstig sein, leben wollen! Hier sind nicht nur Durst und Hunger als physisches Bedürfnis gemeint, es geht hier um mehr: um die gesamte Sehnsucht nach Leben, nach ewigem Leben. Kein Leben, das nur so gefristet werden will, sondern das eine Labsal an Köstlichem zu sein verheißt. Gott bietet das volle Leben, nicht das über-

[37] Lutherbibel, revidierter Text 1984, durchgesehene Ausgabe, © 1999 Deutsche Bibelgesellschaft, Stuttgart.

füllte, sondern das erfüllte Leben an. Kommt her, rackert euch nicht so ab! Macht euch nicht kaputt! Schuftet nicht bis ihr sauer werdet! Quält euch nicht derartig! Wendet eure Ohren hin zu mir! Dreht euch doch um! Kommt zu mir! Was ihr wirklich benötigt, das könnt ihr von mir bekommen! Ich gebe euch das Beste, was euch überhaupt gegeben werden kann. Kommt her zu mir, höret, dann werdet ihr leben! Bei mir könnt ihr kaufen! Doch ohne Geld! Dieses scheinbar absurde „Kaufen ohne Geld" beinhaltet beide Aspekte menschlichen Lebens: Das Wissen um die Abhängigkeit und Bedürftigkeit des Menschen und seines Daseins ebenso wie die Zusage des Beschenktwerdens, des Empfangendürfens. Der Mensch ist einer, der die Hände öffnen darf, um von Gott empfangen zu können. Dies ist die reichlich überfließende Gnade Gottes, der die einzige Quelle ewigen Wassers bzw. der einzige Ursprung sättigenden Brotes ist. Und darüber hinaus verteilt er Luxusgüter wie Milch und Wein. Wer fühlt sich da nicht an das verheißene Land erinnert, in dem Milch und Honig fließen? Wer muss da nicht an das Abendmahl denken, in dem sich Christus als Wein und Brot darbietet? Vierfach werden wir im Text aufgefordert, zu Gott zu kommen! So, wie es in der Einladung zu jedem Abendmahl lautet (Lukas 14,17b):

Kommt, denn es ist alles bereit![38]

Bzw. (Psalm 34,9a):

Schmecket und sehet wie freundlich der HERR ist! [...][39]

So, wie Christus von sich selbst aussagt (Johannes 6,35b):

---

[38] Lutherbibel, revidierter Text 1984, durchgesehene Ausgabe, © 1999 Deutsche Bibelgesellschaft, Stuttgart.
[39] Lutherbibel, revidierter Text 1984, durchgesehene Ausgabe, © 1999 Deutsche Bibelgesellschaft, Stuttgart.

[...] Ich bin das Brot des Lebens. Wer zu mir kommt, den wird nicht hungern; und wer an mich glaubt, den wird nimmermehr dürsten.[40]

Bzw. (Johannes 7,37b.38):

[...] Wen da dürstet, der komme zu mir und trinke! Wer an mich glaubt, wie die Schrift sagt, von dessen Leib werden Ströme lebendigen Wassers fließen.[41]

Oder wie Jesus Christus es in seinem Heilandsruf, den wir heute bereits als Wochenspruch hören durften, verheißt (Matthäus 11,28-30):

Kommt her zu mir, alle, die ihr mühselig und beladen seid; ich will euch erquicken. Nehmt auf euch mein Joch und lernt von mir; denn ich bin sanftmütig und von Herzen demütig; so werdet ihr Ruhe finden für eure Seelen. Denn mein Joch ist sanft, und meine Last ist leicht.[42]

Unser Gott ist ein Gott der Gnade: Er will nicht, dass wir uns ausbeuten lassen und aussaugen lassen, dass wir uns verausgaben bis auf´s Letzte. Schön, wenn wir das Gefühl haben, uns unser täglich Brot selbst verdienen zu können. Wir werden hier auch nicht aufgerufen, zu Sozial-Schmarotzern zu werden. Hierin besteht ein wesentlicher Unterschied: wir sollen nicht anderen auf der Tasche liegen und den Müßiggang kultivieren, nein. Nicht vor anderen Menschen sollen wir bittend und bettelnd zu Kreuze kriechen. Gott will uns beschenken! Er ist es, der unser Leben schuf, er ist es, der die Welt überhaupt erst ins Leben rief. Sein Wort hat lebenswirksame und -spendende

[40] Lutherbibel, revidierter Text 1984, durchgesehene Ausgabe, © 1999 Deutsche Bibelgesellschaft, Stuttgart.
[41] Lutherbibel, revidierter Text 1984, durchgesehene Ausgabe, © 1999 Deutsche Bibelgesellschaft, Stuttgart.
[42] Lutherbibel, revidierter Text 1984, durchgesehene Ausgabe, © 1999 Deutsche Bibelgesellschaft, Stuttgart.

Kraft. Sein Wort hat Schöpfungsgewalt! Und zu diesem Gott dürfen wir unser Ohr wenden, dürfen wir uns hinzuwenden, der er sich uns schon längst zugewandt hat und uns ruft! Wir sind aufgerufen, die Gastfreundschaft Gottes anzunehmen, wie die eingeladenen Gäste zum Gastmahl des Herrn. So, wie auch die Worte des Paulus uns daran erinnern können (Epheser 2,19):

So seid ihr nun nicht mehr Gäste und Fremdlinge, sondern Mitbürger der Heiligen und Gottes Hausgenossen [...].[43]

So, wie uns die Bibel „am Ende" noch einmal abschließend in Erinnerung ruft (Offenbarung 22,17):

Und der Geist und die Braut sprechen: Komm! Und wer es hört, der spreche: Komm! Und wen dürstet, der komme; und wer da will, der nehme das Wasser des Lebens umsonst.[44]

So dürfen auch wir uns der Gnade des barmherzigen Gottes anvertrauen, inmitten aller Resignation, allen Zweifeln und Hoffnungslosigkeiten. Im Hebräerbrief werden wir nochmals ausdrücklich dazu aufgerufen (Hebräer 4,16):

Darum lasst uns hinzutreten mit Zuversicht zu dem Thron der Gnade, damit wir Barmherzigkeit empfangen und Gnade finden zu der Zeit, wenn wir Hilfe nötig haben.[45]

Und der Friede Gottes, der höher ist als all´ unsere menschliche Vernunft bewahre unsere Herzen und Sinne in Christus Jesus. Amen.

---

[43] Lutherbibel, revidierter Text 1984, durchgesehene Ausgabe, © 1999 Deutsche Bibelgesellschaft, Stuttgart.
[44] Lutherbibel, revidierter Text 1984, durchgesehene Ausgabe, © 1999 Deutsche Bibelgesellschaft, Stuttgart.
[45] Lutherbibel, revidierter Text 1984, durchgesehene Ausgabe, © 1999 Deutsche Bibelgesellschaft, Stuttgart.

(8)Tag der Heimsuchung Mariae[46]:

Lukas 1,39-56: Marias Besuch bei Elisabeth. Marias Lobgesang

Maria aber machte sich auf in diesen Tagen und ging eilends in das Gebirge zu einer Stadt in Juda und kam in das Haus des Zacharias und begrüßte Elisabeth. Und es begab sich, als Elisabeth den Gruß Marias hörte, hüpfte das Kind in ihrem Leibe. Und Elisabeth wurde vom heiligen Geist erfüllt und rief laut und sprach: Gepriesen bist du unter den Frauen, und gepriesen ist die Frucht deines Leibes! Und wie geschieht mir das, dass die Mutter meines Herrn zu mir kommt? Denn siehe, als ich die Stimme deines Grußes hörte, hüpfte das Kind vor Freude in meinem Leibe. Und selig bist du, die du geglaubt hast! Denn es wird vollendet werden, was dir gesagt ist von dem Herrn. Und Maria sprach: Meine Seele erhebt den Herrn, und mein Geist freut sich Gottes, meines Heilandes; denn er hat die Niedrigkeit seiner Magd angesehen. Siehe, von nun an werden mich selig preisen alle Kindeskinder. Denn er hat große Dinge an mir getan, der da mächtig ist und dessen Name heilig ist. Und seine Barmherzigkeit währt von Geschlecht zu Geschlecht bei denen, die ihn fürchten. Er übt Gewalt mit seinem Arm und zerstreut, die hoffärtig sind in ihres Herzens Sinn. Er stößt die Gewaltigen vom Thron und erhebt die Niedrigen. Die Hungrigen füllt er mit Gütern und lässt die Reichen leer ausgehen. Er gedenkt der Barmherzigkeit und hilft seinem Diener Israel auf, wie er geredet hat zu unsern Vätern, Abraham und seinen Kindern in Ewigkeit. Und Maria blieb bei ihr etwa drei Monate; danach kehrte sie wieder heim.[47]

---

[46] (2.7.2006)

[47] Lutherbibel, revidierter Text 1984, durchgesehene Ausgabe, © 1999 Deutsche Bibelgesellschaft, Stuttgart.

Gnade sei mit uns und Friede von Gott unserm Vater und unserm Herrn Jesus Christus. Amen.

Liebe Gemeinde.

Vielleicht wundern Sie sich heute morgen gleich zweifach: als erstes über den Predigttext selbst, der Sie – mit dem Lobgesang der Maria – wohl eher an die Adventszeit erinnert als an die sommerliche Trinitatiszeit; und zweitens über den Titel des heutigen Festtages, der da „Tag der Heimsuchung Mariä" lautet und manch einem eher „katholisch" anmutet. Sie wundern sich zu Recht: In der Tat gilt die soeben gehörte Evangelienlesung – für gewöhnlich allerdings nur das Magnifikat als Ausschnitt daraus – in der Regel als vorgeschlagener Lesungstext für den vierten Advent und stimmt uns nahezu automatisch auf Weihnachten ein. Und tatsächlich tut sich die katholische Kirche weniger schwer damit, im Laufe eines Kirchenjahres diverse „Marienfeste" zu begehen. Nun ist meine Absicht weder die, Sie in der „gefühlten Kirchenjahreszeit" zu irritieren, noch, katholisierende Tendenzen in die Gestaltung des evangelischen Gottesdienstes einzuführen. Daher schulde ich Ihnen wohl eine Erklärung:
Was also hat es mit dem Tag der Heimsuchung Mariä auf sich?
Zunächst einmal: was meint eigentlich „Heimsuchung"? In unserem heutigen Sprachgebrauch verstehen wir unter einer Heimsuchung etwas Schlimmes: jemand wird von einer Krankheit heimgesucht, ein Unwetter bricht herein und sucht einen gewissen Landstrich heim, ganze Bevölkerungsteile werden von Seuchen und Kriegsgefahr heimgesucht. Ihnen fallen vielleicht noch weitere Beispiele ein. Meist dürfte es sich tatsächlich um bedrohliche Ereignisse handeln, um Angsteinflößendes, Schreckliches. Wer möchte schon gerne heimgesucht werden, erinnert uns das Wort allein schon ausreichend an Horrorszenarien: ein Erdbeben, einen Tsunami, einen Hurrican, einen Vulkanausbruch. Ich unterstelle einfach einmal, davon möchte niemand wirklich gerne

heimgesucht werden. Ursprünglich meinte das Wort Heimsuchung allerdings zweierlei: das, was wir bereits kennen, eine Heimsuchung unangenehmer Art, die gleichsam einem Hausfriedensbruch gleichkommt, den Frieden eines Hauses, eines Menschen, einer Familie also zu zerbrechen droht; andererseits aber auch genau das Gegenteil, nämlich eine Heimsuchung im positiven Sinne, wenn Gott gleichermaßen zu Besuch kommt, um den Frieden eines Hauses (wieder-)herzustellen.

Weiterhin: wie ist dann der Begriff „Heimsuchung Mariä“ zu verstehen? Wird Maria denn heimgesucht oder ist sie nicht vielmehr schon längst heimgesucht worden? Sucht Maria heim, aber wen und was genau? Diese Fragen lassen sich mit einem Blick in den Text leicht beantworten: Maria macht sich auf und geht eilends in das Gebirge zu einer Stadt in Juda und kommt in das Haus des Zacharias und begrüßt Elisabeth. Maria ist es also, die das Haus des Zacharias aufsucht, jedoch sucht sie nicht Zacharias selbst heim, sondern dessen Frau Elisabeth, eine Verwandte der Maria. Wie Sie wissen, teilen Maria und Elisabeth das gleiche Schicksal: beides sind miteinander verwandte Frauen und beiden war es bislang unmöglich, ein Kind zu bekommen. Elisabeth, weil sie bereits sehr alt war und als unfruchtbar galt; Maria, noch ein junges Mädchen, die, weil sie noch „von keinem Manne wusste“, auch mit dem Thema „Schwangerschaft“ noch nichts zu tun haben sollte. Doch beiden verwandten Frauen passiert etwas Ungewöhnliches, das jeweils mit der Erscheinung eines Engels einher geht und dazu führt, dass sie sich beide jeweils – trotz und entgegen aller Umstände – als fruchtbar erweisen: Im Falle von Elisabeth, erscheint der Engel ihrem Mann Zacharias und verheißt ihm einen Sohn, der Johannes heißen soll. Da Zacharias, ein frommer Priester, sich aber als ungläubig erweist, verschlägt ihm diese engelhafte Mitteilung buchstäblich die Sprache, er verstummt. Elisabeth, die hochbetagte Unfruchtbare wird daraufhin schwanger, hält sich aber die ersten fünf Monate ihrer Schwangerschaft verborgen. Im Falle von Maria, erscheint ihr der Engel direkt und kündigt ihr die Geburt eines Sohnes an, den sie Jesus nennen soll.

Als Maria, die sich zunächst ob der Erscheinung erschreckt, weiterhin überrascht zeigt über eine solche, gleichsam übernatürliche Botschaft, teilt ihr der Engel mit, dass auch die als unfruchtbar geltende Elisabeth sich inzwischen im sechsten Monat ihrer Schwangerschaft befindet. Daraufhin eilt Maria sofort los, um Elisabeth aufzusuchen. Vielleicht will sie sich erst einmal vergewissern, ob sie der Erscheinung des Engels und seiner wundersamen Botschaft Glauben schenken kann. Sie läuft so schnell sie kann ins Gebirge, sucht Elisabeth heim und begrüßt dieselbe. Und jetzt, doch spätestens bei dem Gegengruß durch Elisabeth erweist sich, dass der Engel wohl die Wahrheit gesprochen haben muss. Der Engel hatte tatsächlich recht: Elisabeth ist wirklich schwanger.

Außerdem ereignet sich das Ungewöhnliche: als Elisabeth den Gruß Marias hört, begibt es sich, dass ihr das Kind im Leibe hüpft! Der in Elisabeth heranwachsende Johannes, der spätere Täufer, erkennt als erster, wer ihn und seine Mutter hier heimgesucht hat: Maria zwar, die Verwandte, doch in Maria noch mehr „die Frucht ihres Leibes", Jesus, der spätere Christus. Gleichsam schon im Mutterleibe ereignet sich das, was sich zirka dreißig Jahre später – außerhalb des Mutterleibes – wiederholen wird: Johannes der Täufer weist auf den kommenden Christus hin, indem er sagt (Lukas 3,16b):

[...] Ich taufe euch mit Wasser; es kommt aber einer, der ist stärker als ich, und ich bin nicht wert, dass ich ihm die Riemen seiner Schuhe löse; der wird euch mit dem Heiligen Geist und mit Feuer taufen.[48]

Bzw. (Matthäus 3,14b):

[...] Ich bedarf dessen, dass ich von dir getauft werde, und du kommst zu mir?[49]

---

[48] Lutherbibel, revidierter Text 1984, durchgesehene Ausgabe, © 1999 Deutsche Bibelgesellschaft, Stuttgart.

Ja, Jesus kommt zu Johannes, er sucht in Maria das Haus des Johannes in Elisabeth heim. Johannes ist also, obwohl er erst noch im Mutterleibe weilt der erste, der den kommenden Christus, den in Maria heranreifenden Jesus erkennt und bereits jetzt, sprachlos, zu bezeugen versteht, durch die einfache Zeichenhandlung: im Mutterleibe zu hüpfen. Und Elisabeth versteht die Sprache ihres im Leibe hüpfenden Sohnes: Sie wird vom heiligen Geist erfüllt, ruft laut und spricht zu Maria: „Gepriesen bist du unter den Frauen, und gepriesen ist die Frucht deines Leibes!" Damit wird Elisabeth die erste, die Maria auf den Kopf zusagt, dass sie, so wie der Engel es gesagt hat, tatsächlich eine Frucht in sich trägt und somit schwanger ist. Und so, wie später Johannes vor der Taufe zu Jesus sprechen wird, spricht Elisabeth nun zu Maria vorweg: „Wie geschieht mir, dass die Mutter meines Herrn zu mir kommt? Denn siehe, als ich die Stimme deines Grußes hörte, hüpfte das Kind vor Freude in meinem Leibe." Nun spätestens wird Maria gewahr, dass der Engel ihr die Wahrheit mitgeteilt hat, dass sie sich darauf verlassen kann, was sie erlebt hat, dass sie dem Geschehen Glauben schenken darf, dass Gott in ihr Raum finden kann. Und wiederum ist es Elisabeth, die ihrer viel jüngeren Verwandten Mut zu machen versteht, indem sie bekennt: „Selig bist du, die du geglaubt hast! Denn es wird vollendet werden, was dir gesagt ist von dem Herrn." Elisabeth durchschaut, vom heiligen Geist erfüllt, sofort die Sachlage: vor ihr steht die „gesegnete Jungfrau", die werdende Mutter ihres Herrn, ihres Gottes.

Daher können wir spätestens jetzt erkennen, dass es sich bei der Heimsuchung Mariä um die Heimsuchung im positiven Sinne handelt, in der es sich quasi um eine Heimsuchung Gottes handelt, auch wenn Gott noch erst im Begriff ist, als Frucht des Leibes heranzureifen. In Maria kommt Jesus zu Besuch und in Elisabeth erkennt bereits Johannes, dass es sich hierbei um eine

---

[49] Lutherbibel, revidierter Text 1984, durchgesehene Ausgabe, © 1999 Deutsche Bibelgesellschaft, Stuttgart.

göttliche „Heimsuchung“, da der zukünftige Herr – als Leibesfrucht der Maria – das Haus betritt. Erst hierauf hin vermag Maria, in ihrem Glauben bestätigt und gestärkt, ihren Lobgesang, ihr Magnifikat anzustimmen: „Meine Seele erhebt den Herrn! Mein Geist freut sich Gottes, meines Heilandes!“ Zwei Frauen, vom heiligen Geist erfüllt, stärken sich in ihrem Glauben und begreifen ein Stück des Unbegreiflichen: Gott hat sie beide heimgesucht und in ihnen Raum genommen, um in ihnen heranzureifen und das, womit er begonnen hat, zu vollenden. Ganz lapidar heißt es im letzten Vers: „Und Maria blieb bei ihr etwa drei Monate; danach kehrte sie wieder heim.“
Die Heimsuchung Mariä ist also keine kurze Stippvisite auf einen Kaffee und einen Schnack. Maria sucht und findet Zuflucht bei ihrer Verwandten, die ihr nicht nur im Alter, sondern somit auch an Erfahrung einiges voraus hat. Maria sucht Elisabeth auf, findet Verständnis, Annahme und Beistand. Gerade in den ersten drei Monaten ihrer Schwangerschaft, von denen es bis heute lautet, sie seien die ungewissesten. Gemeinsam verbringen sie drei Monate ihrer jeweiligen Schwangerschaft: für Maria sind es die ersten drei, für Maria die letzten drei. Die Geburtsstunde des Johannes steht kurz bevor. Maria sucht und findet ein weibliches Vorbild: ein Vorbild im Leben, ein Vorbild im Glauben, ein Vorbild im Umgang mit der werdenden Mutterschaft. So kann sie selbst in ihre Rolle hineinfinden, in ihre Aufgabe, der sie nicht gewachsen zu sein glaubte: „Der Herr hat die Niedrigkeit seiner Magd angesehen. Von nun an werden mich selig preisen alle Kindeskinder.“ Durch diese Festigung in Leben und Glauben konnte Maria erst selbst zu einem Vorbild werden. [Hier] im Dom wird sie vorbildlich als „Strahlenkranz-Madonna“ mit dem Jesuskind auf ihrem Arm, von der Sonne umstrahlt, von Sternen gekrönt, auf der Mondsichel stehend, dargestellt. Meine Absicht ist es nicht, alle katholischen (oder orthodoxen) Marienfeste wieder einzuführen (als da wären: Mariä Geburt, Mariä Namen, Dolores, Mercedes, Rosa, Mariä Mutterschaft, Pilar, Mariä Tempelgang, Conception, Mariä Erwartung, Maria Gottesmutter, Sposalizio, Mariä Lichtmeß, Erscheinung Mariä, Annunziata, Consuleo, Köni-

gin Maria, Auxilium, Gratia Maria, unbeflecktes Herz Mariä, Lätizia, Carmen, Maria Schnee, Assunta und Regina), noch Maria als heilige Jungfrau zu verehren. Doch denke ich, dass es keineswegs schaden kann, sich ihrer wieder zu besinnen und sie in einer noch Männer-dominierten-Kirche wieder als weibliches Glaubens-Vorbild wahrzunehmen. Immerhin ist sie es gewesen, die Gott hat Raum in sich gewähren lassen, die sich hat von Gott einnehmen lassen, die, indem sie „Ja" zu Gott sagen konnte, „mir geschehe, wie du gesagt hast", geholfen hat, Gott ein menschliches Antlitz zu geben und ihn in die Welt, auf diese Erde kommen zu lassen. Ich denke, dies ist ein hinreichender Grund, heute, am 2. Juli den „Tag der Heimsuchung Mariä" zu begehen und von Maria lernen zu können, sich auf Gottes Heimsuchung einzulassen, auch wenn es unsere Vernunft und Einsicht übersteigt. Gott weiß, wo wir wohnen, Gott will uns heimsuchen, er klopft bei uns an. Mögen wir uns auch erschrecken, erstaunt und überrascht sein, meinetwegen auch angsterfüllt vor einer Heimsuchung, dennoch dürfen (und müssen) wir ihn gewähren lassen, in uns Raum zu beziehen, unser „Hausbesetzer" zu werden und zu bleiben. Denn wo Gott zu Hause ist, da kann die Angst keinen Raum mehr füllen. Ganz im Andenken an die Heimsuchung Mariä können wir zu Gott beten: „Gib, dass auch wir uns deinem Wort auftun wie Maria und deine Wunder preisen."

Und der Friede Gottes, der höher ist als all unsere menschliche Vernunft, bewahre unsere Herzen und Sinne in Christus Jesus. Amen.

(9)4. Sonntag nach Trinitatis[50]:
Johannes 8,3-11: Jesus und die Ehebrecherin

Liebe Gemeinde.

[50] (8.7.2001)

Wer unter euch ohne Sünde ist, der werfe den ersten Stein! Diesen Spruch kennen wir alle – er ist zu einem allseits bekannten und immer wieder verwendeten Sprichwort geworden. Doch wo kommt er her und was hat er zu bedeuten? Ich lese aus Johannes 8, die ersten 11 Verse:

Jesus aber ging zum Ölberg. Und frühmorgens kam er wieder in den Tempel, und alles Volk kam zu ihm, und er setzte sich und lehrte sie. Aber die Schriftgelehrten und Pharisäer brachten eine Frau zu ihm, beim Ehebruch ergriffen, und stellten sie in die Mitte und sprachen zu ihm: Meister, diese Frau ist auf frischer Tat beim Ehebruch ergriffen worden. Mose aber hat uns im Gesetz geboten, solche Frauen zu steinigen. Was sagst du dazu? Das sagten sie aber, ihn zu versuchen, damit sie ihn verklagen könnten. Aber Jesus bückte sich und schrieb mit dem Finger auf die Erde. Als sie nun fortfuhren, ihn zu fragen, richtete er sich auf und sprach zu ihnen: Wer unter euch ohne Sünde ist, der werfe den ersten Stein auf sie. Und er bückte sich wieder und schrieb auf die Erde. Als sie aber das hörten, gingen sie weg, einer nach dem andern, die Ältesten zuerst; und Jesus blieb allein mit der Frau, die in der Mitte stand. Jesus aber richtete sich auf und fragte sie: Wo sind sie, Frau? Hat dich niemand verdammt? Sie antwortete: Niemand, Herr. Und Jesus sprach: So verdamme ich dich auch nicht; geh hin und sündige hinfort nicht mehr.[51]

Eine kurze, aber kompakte Geschichte. Jesus sitzt im Tempel und lehrt alles Volk, das zu ihm gekommen ist. Da wird seine Lehre plötzlich unterbrochen. Im wahrsten Sinne des Wortes durch einen Zwischenfall. Schriftgelehrte und Pharisäer drängen sich zu Jesus und stellen eine Frau bzw. vermeintliche Ehebrecherin vor ihn – mitten in das Geschehen hinein. Sie stören ihn, sie stören seine Lehre, sie stören den gesamten Ablauf am frühen Morgen. Und

[51] Lutherbibel, revidierter Text 1984, durchgesehene Ausgabe, © 1999 Deutsche Bibelgesellschaft, Stuttgart.

damit nicht genug: Sie stellen ihn, mitten in seiner eigenen Veranstaltung, auf die Probe und versuchen ihn mit einer simplen, aber süffisanten Frage. Meister, diese Anrede klingt im Zusammenhang fast schon so verräterisch wie der sprichwörtliche Judaskuss, Meister, diese Frau ist auf frischer Tat beim Ehebruch ergriffen worden. Die ganze Szenerie spielt sich am frühen Morgen ab. Umso mehr können wir uns vorstellen, dass die Männer die Frau tatsächlich auf frischer Tat ertappt und ergriffen haben, um an ihr ein Exempel zu statuieren, wie man es besser nicht inszenieren könnte. Die in flagranti erwischte, namenlos bleibende Frau wird zum „Fall" gemacht. Ihr Schicksal wird auf´s Spiel gesetzt, ihr Leben wird riskiert und im Fall des Falles sogar geopfert, um Jesus auf die Probe zu stellen. Die Männergemeinschaft wägt sich in absoluter Sicherheit, sogar in Selbstsicherheit. Sie haben das mosaische Gesetz auf ihrer Seite. Mose hat uns im Gesetz geboten, solche Frauen zu steinigen. Was sagst du? Jetzt muss Jesus seine Gesetzestreue erweisen. Jetzt ist er schon kurz davor, ans Messer geliefert zu sein. Denn, was er auch antworten wird, seine Ungesetzlichkeit steht im Vorhinein schon fest. Sagt er: Ja, Männer, Mose hat Recht. Diese Frau muss gesteinigt werden. Ihr habt sie im Bett eines fremden Mannes ertappt, der nicht ihr eigener ist, nicht mal ihr Verlobter. Darauf steht die Todesstrafe durch Steinigung! Ja, Männer, ihr seid viele. Ihr bezeugt aus einem Mund und ohne Zweifel, dass diese Frau, vor dem Gesetz eine Ehebrecherin ist. Ich weiß, es tut euch leid, aber ihr könnt nicht anders, als dem Gesetz Folge zu leisten, denn dies ist euer Beruf. Ihr seid verantwortlich für die Reinerhaltung des Kultus und der Moral. Ihr kennt jedes Tüpfelchen des Gesetzes und tut gut daran, diese gegen das Gesetz Verstoßende ihrem rechtmäßigen Urteil zuzuführen! Vollstreckt das Urteil! - So wäre er ihnen auf den Leim gegangen. Denn zu seiner Zeit oblag das Recht der Todesstrafe, das jus gladii, allein den Römern. Die Pharisäer und Schriftgelehrten hätten, wieder mal ohne bösen Willen, der Notwendigkeit Gehorsam leisten müssen, diesen, dem römischen Recht widersprechenden Mann und Aufrührer ihrer staatlichen Oberherrschaft auszuliefern.

Hätte er aber gesagt: Lasst sie doch laufen! Ihr sind die Sünden vergeben, denn sie hat aus Liebe gehandelt! Oder hätte er etwas Ähnliches zu ihrem Schuldenerlass vorzubringen gehabt, so hätte es unter genügend Augen- und Ohrenzeugen geheißen: Habt ihr das gehört? Er hat dem Gesetz des Mose widersprochen! Er hat unser kultisches Reinheitsgesetz aufgehoben! Er ist selbst ein Gesetzesbrecher! Ein Gesetzloser! Ein Abtrünniger! Darauf steht die Todesstrafe! Was brauchen wir noch mehr an Beweisen! Er ist des Todes schuldig! Tötet ihn!

Zwei Menschenleben stehen auf dem Spiel: das von Jesus, der in unserer Geschichte zwar um sein richterliches Urteil gebeten wird, aber einzig und allein aus dem Grund, um ihn selber richten zu können und das Leben der Frau, über deren Schuldigkeit absolute Einigkeit besteht. Eine klassische Gerichtsszene also. Sie findet auf dem hochkultischen Tempelberg statt, im hochheiligen Tempelbezirk, ja im Tempel selbst. Es gibt einen vermeintlichen Richter: Jesus. Die ihn umlagernde Menge dient zur Repräsentanz des Volkes, um den Öffentlichkeitscharakter zu unterstreichen. Es gibt eine Front von Anklägern: die Schriftgelehrten und Pharisäer, mit dem gesamten mosaischen Gesetz im Rücken, und, wenn es sein muss, auch mit der Möglichkeit zur Auslieferung an das römische Gesetz. Und zu guter Letzt gibt es natürlich auch einen Angeklagten, einen Schuldigen, der nicht einmal so viel wert ist, selbst gehört zu werden, der kein Anrecht hat, sich selbst zu verteidigen, die Situation aufzuklären oder einige letzte Worte vor der Urteilsverstreckung zu verlieren. Wie denn auch, es handelt sich ja bloß um eine Frau. Die Fakten sind klar, es gibt nichts mehr zu klären, alle sind sich einig: die Frau ist schuldig, sie ist eine Ehebrecherin, auf Ehebruch steht die Todesstrafe durch Steinigung, so lautet das Gesetz des Mose. Die Aufforderung ist klar und eindeutig: diese Frau muss gesteinigt werden. Los, was zögert ihr, Steine sind zur Genüge vorhanden, greift zu und tötet sie! Ihr seid im Recht, wir alle sind im Recht. Diese Frau muss aus der Gemeinschaft ausgeschlossen werden, aus der sie sich selbst bereits durch ihre unmoralische und unsittliche Verhaltensweise ausgeschlossen hat. Das Gesetz muss wieder hergestellt werden und die Schuld durch Bestrafung getilgt sein. Los, ihr moralischen Bürger von Jerusalem, steinigt sie! – Oder, Meister Jesus, hast du noch einen Einwand? Jesus soll hier als Richter herhalten für ein Geschehen, das schon vorprogrammiert ist. Er soll es nur noch bestätigen, absegnen, rechtfertigen. Erst dann kommt er selbst an die Reihe. Erst nach vollstrecktem Urteil, nach sich verselbständigt habenden Rachegelüsten und deren Ausübung können sich die erhitzten Gemüter wieder beruhigen, abkühlen und sich den nächsten Fall vornehmen, der da lautet: Unser Meister Jesus hat gegen das römische Recht verstoßen, wir müssen den, der unser Richter im Spiel war, nun seinerseits anklagen und der Schuldigkeit bezichtigen und ihn seinen eigenen Richtern ausliefern. Das ist der Gang der Dinge. So und nicht anders hat es zu verlaufen. Sollte Meister Jesus jedoch einen Einwand haben, und auch den Mut dazu, sich gegen die aufgebrachte Meute durchzusetzen, dann ist klar, wer der Blitzableiter dieser überspannten Situation werden muss. Nämlich wiederum er selbst. Mit jeglichem Einwand degradiert sich der angefragte Richter selbst zum Angeklagten und Beschuldigten. Das ist die Ausgangssituation, in der sich das Ganze abspielt.

Und was tut er, Jesus? Er bückt sich und schreibt mit dem Finger auf die Erde. Wüssten wir doch, was er da gekritzelt hat! Dies bleibt uns leider vorenthalten. Doch das Kritzeln an und für sich ist ebenso zweideutig, wie die Anfrage an den Meister. Es kann bedeuten, dass er die Namen aller Schuldigen ins Buch des Lebens schreibt. Es kann aber auch bedeuten, dass er das Gesetz selbst in den Sand schreibt und sich damit als Urheber des Gesetzes und kompetenter Ausleger desselben behauptet. Es kann auch auf das Ende des Gesetzes deuten oder darauf hinweisen, dass derjenige, der in den Sand schreibt, straffrei ist. Wie gesagt, wir wissen es nicht. Wir sind nicht eingeweiht in die gesamte Spitzfindigkeit mosaischer Gesetzeskunst. Nur eines kann auch uns klar werden: Mit seiner Kritzelei und allein schon mit seinem Auf-den-Boden-gehen, wird Jesus die Anklägerfront mächtig irritiert haben.

Wer erwartet schon von einem Angeklagten, der auf die Probe gestellt wird und nun um sein Leben ringen und kämpfen müsste, ein derartiges Verhalten? Jesus bückt sich und schreibt auf die Erde. Er macht sich klein, unterwirft sich scheinbar und rückt aus der Angriffslinie heraus. Egal, wie wir es deuten, ob als Ablenkungsmanöver oder strategischen Zeitgewinn: indem er die Fragesteller nicht beachtet, wird er sie bis ins Innerste verwirrt haben. Von einem Angegriffenen erwartet man doch zumindest die Verteidigung und wenn das zuviel ist, dann die Flucht. Sollten Pharisäer und Schriftgelehrte schon triumphieren können? Haben sie Jesus nicht nur geschickt in die Zwickmühle gebracht, sondern bereits schon in die Flucht geschlagen? Dass sie ungeduldig gewesen sein müssen, erkennen wir aus der Äußerung: sie aber fuhren fort, ihn zu fragen. Nun mach doch endlich! Gib schon die Antwort, lass uns nicht hängen! Du brauchst nur noch einen Zug zu setzen und schon bist du Schach matt! Komm schon, gönn´ uns den Triumph! Wir haben so lange gebraucht, uns diese Taktik zu ersinnen! Du kannst uns doch nicht einfach unser Spiel vermiesen! Sei kein Spielverderber!
Nicht weniger ungeduldig wird die namenlose Frau gewesen sein, die im wahrsten Sinne des Wortes „hingehalten" wird. Selbst, wenn sie das mosaische Gesetz nicht bis zum letzten gekannt haben mag, auch ihr wird klar gewesen sein, dass sich diese Geschichte um sie dreht – immerhin steht sie tatsächlich in der Mitte des Geschehens. Eine ungewöhnliche Situation für eine Frau: Mitten in der Männer-Menschen-Menge, mitten unter Schriftgelehrten und Pharisäern, mitten im Tempel, mitten im Heiligen Tempelbezirk. Eigentlich ein Ding der Unmöglichkeit: Sie wird zum Thema gemacht, es geht in der Verhandlung der Mächtigen und Einflussreichen um sie. So sehr war sie wahrscheinlich noch nie im Mittelpunkt! Doch ebenso sicher scheint mir, dass sie gut und gerne darauf hätte verzichten können, auf diese Art und Weise zentral zu sein. Immerhin geht es um ihr Leben! Also: Quält mich nicht so lange, vollstreckt schon euer Urteil. Was soll´s, mein Leben ist vorbei. Werft schon eure Steine. Macht mir ein Ende, doch macht es schnell. Auch

sie wird hochgradig angespannt gewesen sein, vielleicht sogar so sehr, dass sie alles um sich herum auszublenden versuchte, weil sie schon aufgegeben hatte. Auch sie, die Ausgelieferte, wird sicherlich kein Verständnis für Jesu Erdenkritzelei gehabt haben.

Dann, für einen kurzen Moment, scheint die Geschichte so zu verlaufen, dass die Ältesten und Schriftgelehrten Hoffnung schöpfen, doch noch ihren geplanten Triumph von dannen zu tragen: Jesus richtet sich auf. Er erhebt sich von der Erde und steigt wieder ins Geschehen ein. Und er macht sogar Anstalten, das Wort zu ergreifen. Welches Urteil wird er wohl, auch über sich selbst, fällen? Wir hören es, wir erfahren es. Es ist genau der Spruch, der uns so sehr bekannt ist, dass er uns vielleicht von den Lippen geht, ohne dass wir die Bedeutungsschwere ermessen können. Er spricht: Wer unter euch ohne Sünde ist, der werfe den ersten Stein auf sie. Mit nur einem Satz wendet er das Geschehen komplett. Und so, als müsse er sie, die Menge, die Ältesten, die Schriftgelehrten und Pharisäer mit der Frau, ihrer eigenen Entscheidung und Verantwortung überlassen, bückt er sich wieder und schreibt auf die Erde. Was wird jetzt passieren? Der Richter hat gesprochen. Aber er hat weder das eine noch das andere der vorgegebenen Urteile zitiert. Was hat er gesagt und wie kann man es gegen ihn verwenden? Und schon ist er wieder weg, abgetaucht in seine Erdenkritzelei. Was ist mit solch einem Spruch anzufangen? Ist es die Legitimation zur Steinigung? Ist es ein Freispruch der Frau? Ist es ein Hinterhalt, eine heimtückische Versuchung? Was auch immer es ist, es ist genauso verwirrend, wie das gebückte Malen auf der Erde. Ein Volkeslehrer, der auf der Erde kriecht. Und doch, seine Aussage trifft mitten hinein. Mitten in die Selbstsicherheit der Ankläger, mitten in die Entschlossenheit der Selbstgerechtfertigten, eine unschuldig-wehrlose, schuldig-ehebrecherische Frau zu steinigen und einen Prediger des Volkes seinem Untergang entgegenzuführen. Er geht zwar unter, aber nur in die Knie auf den Boden, und das freiwillig. Sie wollten ihn stürzen und er bückt sich von ganz alleine. Sie wollten ihn abführen, doch nun sind sie selbst überführt

worden. Er gibt ihnen Bedenkzeit. Er eröffnet, inmitten einer überhitzten Debatte, eine Chance zur Wieder-Besinnung.
Und es gelingt. Als sie aber das hörten, gingen sie weg, einer nach dem andern, die Ältesten zuerst. Es ist müßig, über die Gründe des Weggehens zu spekulieren. Ob die Ältesten nun aus Angst vor ihren allzu bekannten Kollegen fortgehen, aus Angst vor dem Volk oder aus Reue und Selbsterkenntnis, sei dahingestellt. Sie hören, sie lassen das Gehörte wirken und sie gehen dem nach. Die Ältesten zuerst. Sie, die die Gesetze am besten kennen, kennen auch am exaktesten die jeweiligen Übertretungen. Vielleicht wissen sie sogar darum, dass es gänzlich unmöglich und ausgeschlossen ist, ohne Gesetzesübertretung zu leben. Vielleicht sind es gerade sie, welche die Richtlinien von Richtig und Falsch, von Gerecht und Verfehlt, am genauesten studiert haben, die erkennen, dass alle Richtlinien der Welt nichts nützen, wenn die Richtung verfehlt ist – und die in Jesus jemanden vorgefunden habe, der sie zurechtzuweisen weiß. Die Rachegelüste sind verflogen und mit ihr die Ankläger.
Zurück bleiben einzig und allein Jesus und die Frau. Zurückgeblieben sind also die, die angeklagt und überführt werden sollten. Sie wurden auch überführt. Die Frau nach wie vor des Ehebruchs und Jesus nach wie vor der gesetzlichen Anstößigkeit. Beide wissen um ihr Überführtsein. Doch haben die Überführer durch ihren abwandernden Schweigemarsch sich ebenso selbst überführt und wortlos ihr Schulbekenntnis gesprochen. Nun bleibt noch offen, wie Jesus und die Frau den Ort der Anklage und die Geschichte verlassen können. Wir hören weiter: Und Jesus blieb allein mit der Frau, die in der Mitte stand. Jesus aber richtete sich auf und fragte sie: Wo sind sie, Frau? Hat dich niemand verdammt? Dies ist das erste Mal, dass die Frau nicht nur verhandelt, sondern selbst direkt angesprochen und als Person gewürdigt wird. Ihr wird eine Frage gestellt, sogar zwei, die sie beantworten muss, um sich somit selbst einmal verantworten zu können. Sie antwortet auch: Niemand, Herr. Niemand hat mich verdammt. Sie sind alle fortgegangen. Es scheint mir sehr

überzeugend, dass diesmal die Anrede an Jesus aufrichtig gemeint ist. Die Frau hat keinen Grund, Jesus mit der Anrede Herr oder Meister zu versuchen, wie es die Ältesten und Pharisäer taten. Sie weiß, wen sie vor sich hat. Nämlich den, der ihr das Leben zu retten vermochte. Er spricht sie an und verleiht ihr auch dadurch schon das Recht der Menschenwürde zurück, das ihr zuvor auf´s Peinlichste genommen wurde. Und er entlässt sie wieder in ihr Leben, indem er fast schon beiläufig und harmlos sagt: So verdamme ich dich auch nicht; geh hin und sündige hinfort nicht mehr. Und so werden auch wir aus dieser Geschichte, der wir die ganze Zeit über als Zeugen und Beobachter beiwohnen konnten, entlassen. Auch wir dürfen gehen, ohne verdammt zu werden, aber auch, ohne einen Stein zu werfen, und sei es auch der zweite Stein. So lasst uns hingehen und hinfort nicht mehr sündigen und Steine werfen.

Amen.

(10) 4. Sonntag nach Trinitatis[52]: Johannes 8,3-11: der werfe den ersten Stein

Gnade sei mit uns und Friede von Gott unserem Vater und dem Herrn Jesus Christus. Amen.

Liebe Gemeinde.

Neulich hörte ich folgenden Witz: Jesus sagte: „Wer unter euch ohne Sünde ist, der werfe den ersten Stein!“ Als dann der erste Stein geworfen wurde, sagte Jesus: „Nicht du schon wieder, Mutter!“ Auch ich musste über den völlig unerwarteten Abschluss der Szenerie lachen. Doch wollen wir uns heute

[52] (1.7.2007)

nicht weiter mit der „unbefleckten Empfängnis“ Mariens beschäftigen, sondern unsere Aufmerksamkeit lenken auf die uns wohl eher vertraute Szene Jesu, in der er die Sprichwort gewordene Sentenz äußert: „Wer unter euch ohne Sünde ist, der werfe den ersten Stein!“ Ich lese den dazugehörigen Bibel- und Predigttext aus dem Evangelium nach Johannes, Kapitel 8, die Verse 3 bis 11:

Aber die Schriftgelehrten und Pharisäer brachten eine Frau zu ihm, beim Ehebruch ergriffen, und stellten sie in die Mitte und sprachen zu ihm: Meister, diese Frau ist auf frischer Tat beim Ehebruch ergriffen worden. Mose aber hat uns im Gesetz geboten, solche Frauen zu steinigen. Was sagst du? Das sagten sie aber, ihn zu versuchen, damit sie ihn verklagen könnten. Aber Jesus bückte sich und schrieb mit dem Finger auf die Erde. Als sie nun fortfuhren, ihn zu fragen, richtete er sich auf und sprach zu ihnen: Wer unter euch ohne Sünde ist, der werfe den ersten Stein auf sie. Und er bückte sich wieder und schrieb auf die Erde. Als sie aber das hörten, gingen sie weg, einer nach dem andern, die Ältesten zuerst; und Jesus blieb allein mit der Frau, die in der Mitte stand. Jesus aber richtete sich auf und fragte sie: Wo sind sie, Frau? Hat dich niemand verdammt? Sie antwortete: Niemand, Herr. Und Jesus sprach: So verdamme ich dich auch nicht; geh hin und sündige hinfort nicht mehr.[53]

Jesus entwirrt die verworrene Situation. In zwei Szenerien wehrt er zunächst einen aggressiven Angriff der Pharisäer und Schriftgelehrten ab, bevor er die scheinbar unauflösbare Verstrickung vollends auflöst. Gleich einem asiatischen Kampftechniker, der die Kraft des Angreifers scheinbar ohne Energieaufwand an diesen zurückgibt, weicht er der aggressiven Kampfenergie der ihn Angreifenden aus: er bückt sich nieder und schreibt mit dem Finger auf

[53] Lutherbibel, revidierter Text 1984, durchgesehene Ausgabe, © 1999 Deutsche Bibelgesellschaft, Stuttgart.

die Erde. Dann stellt er sich zwar erneut der Situation, indem er sich wieder aufrichtet, doch nur, um erneut auszuweichen, sich zu bücken und wiederholt auf die Erde zu schreiben. In der nächstes Aufforderung zum Kampf schützt er die Angegriffene, das Opfer, indem er die Aggression auffängt und umlenkt. Jesus löst die heillose Verstrickung (auf), indem er die fatale Perspektive von Schuld und Urteil aufbricht. Jesus bringt Heil in die Heillosigkeit – er ist wahrlich der Heiland! Auch wir sehnen uns nach Heil. Auch uns wird allzu oft die einfache Perspektive angeboten, das Leben zu betrachten und in gut und böse zu unterteilen, den Guten ihr Recht zu geben und die Bösen schuldig zu sprechen, um selbst fein raus zu sein. Jesus bietet uns eine heilvoll(er)e Perspektive an: dadurch werden wir allerdings zuerst in die Situation verstrickt, vor der wir uns sonst so gerne scheu fernhalten wollen. Mitten in die Situation hinein spricht er seine klärenden Wahrheiten. Wahrheiten, die der Angreifer ob ihrer Wahrheit nicht ertragen, nicht aushalten kann, nicht hören will. Jesus beschützt dadurch die, die der Aggression der Angreifer sonst zum Opfer hätten fallen müssen. Sündenböcke werden in allen menschlichen Konstellationen scheinbar automatisch geschaffen. Jesus entlarvt hingegen den Ursprung des Sündenbock-Denkens als wahre Sünde. Indem er den Blick von der offenkundigen Sünderin ablenkt, werden die wahren Sünder erkennbar. Die scheinbar Unschuldigen müssen selbst erkennen, wie wenig unbeteiligt sie in Wirklichkeit sind. Eine schmerzhafte Einsicht, die keiner gerne anerkennen möchte, die betroffen macht, so, wie ein Stein trifft. Abwehrend schlägt er die Aggressoren in die Flucht. Nach der Vertreibung der Angriffslustigen bleibt Jesus mit der Frau zurück. Erst jetzt kann er die Angegriffene „öffnen“ und sie zur Sprache ermächtigen, bevor er sie sendend, befreit entlässt. Durch Sanftmut und klaren Blick vermag er die Sünderin von ihrer Sünde zu heilen. Sie wird fortgeschickt und befreit dazu, aus ihren Verstrickungen herauszutreten.

Wie oft haben wir jemanden nötig, der mit Weisheit, klarem Blick und sanftmütig in der Lage ist, heillose Situationen aufzuklären, doch nicht lieblos alle mit vermeintlichen Wahrheiten zu erschüttern, sondern liebevoll und dennoch hilfreich einen Weg aus Verworrenheiten aufzuzeigen, in Familie, Arbeit, im Alltag. Mögen wir bei Jesus in die Lehre gehen, was seinen Umgang mit Schuldigen, mit Schuld und mit vermeintlich Unschuldigen anbelangt. Mögen wir dazu beitragen, dass unsere Welt weniger durch Schuld bedrückt, gedrückt und erdrückt werden mag. Mögen wir mitwirken an dem Prozess, Schuld und Sünde nicht heillos zum Zuge kommen zu lassen, sondern zu ent-schulden, zu ent-schuldigen, zu verzeihen und abklingen zu lassen. Auf dass das Geschwür von Schuld und Beschuldigung, von Rechthaberei und Rache, von Anklage und Gegenklage, von Gezänk und Streit, ausheilen kann, wie eine eitrige Wunde, die liebevoll und ohne Abscheu gepflegt werden will, um endlich heilen zu können. Lassen wir häufiger mal ein ernstgemeintes „Entschuldigung" und „Verzeihung" über unsere Lippen kommen, nicht als lapidaren Satz zur Bagatellisierung einer Gegebenheit, sondern zur Überwindung einer Aufschwellens von Hass, Rachegefühlen und Gegenwehr. Auf dass unsere Welt kein Kriegsschauplatz und Gerichtshof mehr bleibe, sondern ein Ort des Friedens, des Verständnisses und der Nächstenliebe werde.

Und der Friede Gottes, der höher ist als all´ unsere menschliche Vernunft bewahre unsere Herzen und Sinne in Christus Jesus. Amen.

(11) 4. Sonntag nach Trinitatis[54]:
Lukas 12,15-21: Warnung vor Habsucht. Der reiche Kornbauer

Liebe Gemeinde!

---

[54] (23.6.2002)

Der heutige Predigttext steht bei Lukas, Kapitel 12, die Verse 15 - 21. Ich lese ihn Ihnen einmal vor:

Und er [Jesus] sprach zu ihnen: Seht zu und hütet euch vor aller Habgier, denn niemand lebt davon, dass er viele Güter hat. Und er sagte zu ihnen ein Gleichnis und sprach: Es war ein reicher Mensch, dessen Feld hatte gut getragen. Und er dachte bei sich selbst und sprach: Was soll ich tun? Ich habe nichts, wohin ich meine Früchte sammle. Und sprach: Das will ich tun: Ich will meine Scheunen abbrechen und größere bauen, und will darin sammeln all mein Korn und meine Vorräte und will sagen zu meiner Seele: Liebe Seele, du hast einen großen Vorrat für viele Jahre; habe nun Ruhe, iss, trink und habe guten Mut! Aber Gott sprach zu ihm: Du Narr! Diese Nacht wird man deine Seele von dir fordern: Und wem wird dann gehören, was du angehäuft hast? So geht es dem, der sich Schätze sammelt und ist nicht reich bei Gott.[55]

Im Laufe der Textlesung werden Sie vielleicht gedacht haben: „Ach ja! Das ist das Gleichnis vom reichen Kornbauern!“ „Das kenne ich doch schon! Was gibt es darüber Neues zu predigen?“ „Das ist doch ganz einfach: Der Bauer war reich, er hatte viele Güter. Doch da er habsüchtig war und nicht reich bei Gott, musste er sterben.“ „Wir sind nicht habsüchtig, uns kann das nicht passieren. Wir sind reich bei Gott, was geht das uns an?“ Ich rufe: „Halt! Nicht so schnell! Nicht so voreilig! Nehmen Sie mir doch nicht meine Arbeit ab! Ich muss doch auch noch etwas zu tun haben!“ Nun, zunächst möchte ich Ihnen mitteilen, was dem Gleichnis vorausgegangen war: Jesus ist bereits unterwegs Richtung Jerusalem. Er befindet sich auf der Reise zu seiner letzten Station. Mit ihm unterwegs sind seine Jünger, und um ihn herum schart sich eine große Menschenmenge. Der Text schildert es konkreter: Unterdessen

[55] Lutherbibel, revidierter Text 1984, durchgesehene Ausgabe, © 1999 Deutsche Bibelgesellschaft, Stuttgart.

kamen einige tausend Menschen zusammen, so dass sie sich untereinander traten. Das muss ein echt enges Getummel gewesen sein. In diese Massenansammlung hinein beginnt Jesus nun abwechselnd, mal die Jünger, mal die Menschenmenge zu belehren: Er warnt sie jeweils ausdrücklich vor jeglicher Heuchelei und ebenso, wie es in unserem Text der Fall ist, auch vor der Habsucht. Er kündigt seinen Jüngern an, dass er Zwietracht bringen werde und ruft die gesamte Zuhörerschaft zur Buße auf. Dieses doppelt-gruppierte Publikum spiegelt die Zwietracht, und somit die beiden Reaktionen, die auf die Lehre Jesu folgen: Entweder gilt es, die Warnungen Jesu anzunehmen, oder aber die Buße, zu der Jesus aufruft, abzulehnen. Nachdem Jesus nun gerade die Jünger aufruft, sich auch in Verfolgungssituationen offen zu ihm zu bekennen, wird er in seiner Rede durch jemanden aus der Menge unterbrochen. Im Text heißt es (Lukas 12,13f.):

Es sprach aber einer aus dem Volk zu ihm: Meister, sage meinem Bruder, dass er mit mir das Erbe teile. Er aber sprach zu ihm: Mensch, wer hat mich zum Richter oder Erbschlichter über euch gesetzt?[56]

Hier setzt nun der Predigttext ein. Die Äußerung des namenlosen Mannes aus der Menge, die Bitte um die Schlichtung eines Erbstreits, veranlasst Jesus, die gesamte Menge vor Habgier zu warnen: Und er sprach zu ihnen: Seht zu und hütet euch vor aller Habgier; Denn niemand lebt davon, dass er viele Güter hat. Nun kennen wir den Hintergrund für unser Gleichnis. Obwohl Jesus den Mann so schroff abzuweisen scheint, geht er doch insgeheim auf seine Bitte ein: Er deckt das Motiv auf, das den Grund für die Erbstreitigkeiten liefert: Habgier! Der bittende Mann ist habgierig, weil er sich wünscht, dass sein Bruder mit ihm das Erbe teilt. Er hat ein Recht darauf, den ihm zustehenden Erbteil zu bekommen! Auch sind seine offensichtlichen Beweggründe

---

[56] Lutherbibel, revidierter Text 1984, durchgesehene Ausgabe, © 1999 Deutsche Bibelgesellschaft, Stuttgart.

nachvollziehbar: Er möchte auf eigenen Beinen stehen, selbständig sein – und vor allem – unabhängig sein! Endlich raus aus der Abhängigkeit von dem wahrscheinlich älteren und größeren – und bisher auch reicheren – Bruder! Und da er Jesus als Rabbi anerkennt, er nennt ihn Meister, erhofft er sich von ihm die Lösung seiner Misere. Doch Jesus lehnt ab. Er spricht: Wer hat mich zum Richter oder Erbschlichter über euch gesetzt? Doch auch der gebetene Mann scheint habgierig zu sein. Denn er möchte alles für sich behalten. Wäre er zum Teilen bereit, hätte es gar keinen Erbstreit gegeben. Wahrscheinlich hat auch er gute Gründe für sein Verhalten: Zum Beispiel möchte er nicht teilen, weil er befürchtet, damit die Lebensgrundlage zu verlieren. Vielleicht erhofft er sich, durch Zusammenarbeit mit seinem Bruder, mehr erwirtschaften zu können und erfolgreicher zu sein. Wie dem auch sei, er möchte nichts abgeben.

Interessant ist nur, dass beide, so unterschiedlich sie auch agieren, von dem gleichen Motiv getrieben sind: Habgier, wie Jesus es bezeichnet. Im Griechischen lautet der Begriff „Pleonexia“: Mehr – Haben! Darunter fällt sowohl das Mehr-haben-wollen des jüngeren Bruders, der sich betrogen und um sein Erbe gebracht fühlt, als auch der Geiz, das Nicht-abgeben-können des Älteren. Jesus diagnostiziert sehr treffend die das Übel, indem er sagt: Seht zu und hütet euch vor aller Habgier; denn niemand lebt davon, dass er viele Güter hat. Er enttäuscht den bittenden Mann zwar gewaltig, aber er befreit ihn zugleich von seinen Illusionen, z.B. mit dem Erbteil glücklicher leben zu können als ohne ihn, oder davon, dass sein Bruder mit dem Erbteil besser lebe als er selbst. Niemand lebt davon, dass er viele Güter hat.

Um diese Weisheit auch einem jeden unter diesen Tausenden zu veranschaulichen, erzählt Jesus nun das uns allen bereits bekannte sogenannte Gleichnis vom Kornbauern: Es war ein reicher Mensch, dessen Feld hatte gut getragen. Und er dachte bei sich selbst und sprach: Was soll ich tun? Ich habe nichts, wohin ich meine Früchte sammle. Soweit erst mal. Hier erfahren wir, dass einem reichen Feldbesitzer, eine gute Ernte bevorsteht. Aufgrund der vorherigen Geschichte, in der es ums Erbe, ums Besitzen und Habenwollen geht, denke ich zunächst einmal: dieser Mann scheint alles zu haben! Er ist reich, wohlhabend, besitzt Ländereien und Felder, er hat alles, was man zum Leben braucht. Zudem steht ihm noch eine gute Ernte ins Haus. Da kann er sich doch glücklich schätzen! Dieser Mensch braucht sich also keine Sorgen zu machen. Doch was macht er? Anstatt sich zu freuen, ist seine erste Reaktion eine sorgenvolle: Was soll ich tun? Ich habe nichts, wohin ich meine Früchte sammle! Hier klingt Panik an. Fast schon Entsetzen und Empörung! Oweih, oweih! Was soll ich bloß tun? Wohin mit der ganzen Ernte? Wohin mit all´ den Früchten? Ich habe gar keinen Platz! Wohin mit dem ganzen Zeug? So denkt er bei sich selbst, ist verzweifelt ob seiner großen Ernte und weiß nicht ein noch aus. Bis ihm eine Idee kommt, die er nicht nur in sich hineindenkt, sondern die ihn derart überwältigt, dass er sie aussprechen muss: Das will ich tun: Ich will meine Scheunen abbrechen und größere bauen, und will darin sammeln all mein Korn und meine Vorräte! Die Erleichterung ist ihm abzuhören: Juchu, ich hab´s! Eine Lösung für alle meine Probleme! Die Erkenntnis schlechthin! Ich reiße einfach ab, was mir zu klein ist: weg mit den alten Scheunen! Alle überholt! Weg damit! Ich baue mir größere! Die sind mir gemäßer! Da muß alles rein passen: nicht nur die Ernte, nicht nur das Korn! Nicht nur die Feldfrüchte! Auch all´ den anderen Krempel stell´ ich da unter! Alle meine Vorräte, alle meine Güter, alles, was ich hab´! Juchu, ich habe ein neues Programm: Ich baue Lagerhäuser für meinen kompletten Besitz! Und er fährt fort mit seinen Zukunftsplänen: Ich will sagen zu meiner Seele: Liebe Seele, du hast einen großen Vorrat für viele Jahre; habe nun Ruhe, iss, trink und habe guten Mut! Wow! Der Mann denkt nicht nur an seine Vorräte, der denkt sogar an seine Seele und spricht auch mit ihr! Der Mann denkt einfach an alles! Er sorgt eben vor! Er sorgt sich im Voraus! Er trifft Lebensvorsorge! Gedanklich hat er bereits die alten Scheunen abgerissen. Im Kopf hat er bereits neue Lagerhallen errichtet. Vor seinen Augen, ist die gesamte Ernte, die in Wirklichkeit noch auf dem Feld reifen muss, bereits abgeerntet und in seinen Hallen eingelagert. So wähnt sich der Mann bereits im Ruhestand, obwohl er noch eine Menge Arbeit vor sich hat. Er ist so in seinem Planungs-Wahn gefangen, und hat sich so sehr in seine Zukunft vergrübelt und verirrt. Innerlich hat er bereits die Füße hoch gelegt, seinen imaginären Sonnenschirm aufgespannt, hat sein Menü schon serviert, den Wein eingeschenkt und feiert in Gemütsruhe genüsslich seinen Lebensabend – da passiert das Unvorhegesehene!

Jemand durchkreuzt seine Gedanken und Pläne – Jemand macht dem, der sich so sicher wähnte, einen Strich durch die Rechnung. Aber Gott sprach zu ihm: Du Narr! Diese Nacht wird man deine Seele von dir fordern; und wem wird dann gehören, was du angehäuft hast? Die Anrede Gottes ist keineswegs nett – aber doch sehr bezeichnend. Er nennt ihn einen Narren, einen Unverständigen, einen, wie es im Griechischen heißt, „Aphron". Dieses Wort kennzeichnet im wesentlichen einen Mangel. Dem, der alles zu haben scheint, mangelt es gehörig an etwas. Es mangelt ihm, obwohl er alles im Überfluss zu besitzen meint, gewaltig an Wert- und Wahrheitserkenntnis. Es mangelt ihm, obwohl er imstande war, kalkuliert zu planen, doch letzlich an Einsicht und Vernunft. So waren seine Pläne vergeblich. So bleiben seine Träume ungelebt. So wird er den Lebensabend, den er sich erst für die fernere Zukunft ausgeklügelt hatte, in der kommenden Nacht beenden müssen. Die großen Hallen bleiben ungebaut, die Früchte auf dem Feld bleiben ungeerntet, die kleinen Scheunen bleiben leer. Das Menü bleibt ungegessen, der Wein bleibt ungetrunken, der gute Mut ist dahin. Weg ist auch die Seelenruhe. Diese seine Seele, soll des Nachts von ihm gefordert werden. Diese seine Seele, die ihm nie gehörte sondern ihm nur geliehen war, wird ihm dann endgültig genommen werden. Genauso werden auch die Reichtümer, die er sich angesammelt und angehäuft hatte, nicht mehr ihm gehören. Er hat alles umsonst angespart.

Gottes Frage: „Wem wird dann gehören, was du angehäuft hast?" verdeutlicht den Irrsinn des Mannes, der glaubte, mit Reichtum das Leben besitzen zu können und das letztliche Scheitern seines Lebens. Eine tragische Geschichte. Doch werden wir des genauen Endes nicht mehr gewahr. Weder erfahren wir, ob sich der Mann von Gott hat belehren lassen, noch wird uns etwas von seinem tatsächlichen Tod berichtet. Das Gleichnis des reichen Kornbauern schließt kurz und abrupt: So geht es dem, der sich Schätze sammelt und ist nicht reich bei Gott. Mit diesem Schluss-Satz haben wir zugleich „die Moral von der Geschicht´". Wie das Reich-Sein bei Gott konkret aussieht, wird nicht beschrieben. In diesem Predigttext steckt nicht die „Anleitung zum Glücklichsein". Wir erhalten kein Rezept mit Garantie. Wir werden lediglich eindrücklich gewarnt, unser Leben aus unsinnigen Motiven heraus zu führen. Unser Leben muss nicht darin bestehen, dass wir uns Reichtümer anhäufen, dass wir um´s Erbe streiten, dass wir uns der Habgier überlassen. Drum als Schluss-Satz noch einmal die Warnung Jesu: Seht zu und hütet euch vor aller Habgier, denn niemand lebt davon, dass er viele Güter hat.

Amen!

(12) 5. Sonntag nach Trinitatis[57]: Johannes 1,35-42: Die ersten Jünger

Gnade sei mit uns und Friede von Gott unserem Vater und dem Herrn Jesus Christus. Amen.

Liebe Gemeinde.

Der Predigttext für den heutigen 5. Sonntag nach Trinitatis steht im 1. Kapitel des Johannes-Evangelium. Johannes der Täufer legt Zeugnis ab von sich

[57] (26.6.2005)

selbst und verweist auf den, der nach ihm kommen wird. Von sich selbst sagt Johannes (Johannes 1,23b):

[...] „Ich bin eine Stimme eines Predigers in der Wüste: Ebnet den Weg des Herrn!“, wie der Prophet Jesaja gesagt hat (Jesaja 40,3).[58]

Bzw. (Johannes 1,26b):

[...] Ich taufe mit Wasser; aber er ist mitten unter euch getreten, den ihr nicht kennt.[59]

Von Jesus bekennt Johannes (Johannes 1,33d):

[...] der ist´s, der mit dem heiligen Geist tauft.[60]

Bzw. (Johannes 1,34b):

[...] Dieser ist Gottes Sohn.[61]

Weiter heißt es in den Versen 35 bis 42:

Am nächsten Tag stand Johannes abermals da und zwei seiner Jünger und als er Jesus vorübergehen sah, sprach er: Siehe, das ist Gottes Lamm! Und die zwei Jünger hörten ihn reden und folgten Jesus nach. Jesus aber wandte sich um und sah sie nachfolgen, und sprach zu ihnen: Was sucht ihr? Sie

---

[58] Lutherbibel, revidierter Text 1984, durchgesehene Ausgabe, © 1999 Deutsche Bibelgesellschaft, Stuttgart.
[59] Lutherbibel, revidierter Text 1984, durchgesehene Ausgabe, © 1999 Deutsche Bibelgesellschaft, Stuttgart.
[60] Lutherbibel, revidierter Text 1984, durchgesehene Ausgabe, © 1999 Deutsche Bibelgesellschaft, Stuttgart.
[61] Lutherbibel, revidierter Text 1984, durchgesehene Ausgabe, © 1999 Deutsche Bibelgesellschaft, Stuttgart.

aber sprachen zu ihm: Rabbi - das heißt übersetzt: Meister -, wo ist deine Herberge? Er sprach zu ihnen: Kommt und seht! Sie kamen und sahen's und blieben diesen Tag bei ihm. Es war aber um die zehnte Stunde. Einer von den zweien, die Johannes gehört hatten und Jesus nachgefolgt waren, war Andreas, der Bruder des Simon Petrus. Der findet zuerst seinen Bruder Simon und spricht zu ihm: Wir haben den Messias gefunden, das heißt übersetzt: der Gesalbte. Und er führte ihn zu Jesus. Als Jesus ihn sah, sprach er: Du bist Simon, der Sohn des Johannes; du sollst Kephas heißen, das heißt übersetzt: Fels.[62]

In unserem Predigttext kommen weitere Unterschiede zwischen Johannes dem Täufer und Jesus zu Tage: Nicht nur ist Johannes der Täufer die „Stimme des Predigers in der Wüste“ und Jesus der „Sohn Gottes“; nicht nur ist Johannes der Täufer der, der mit Wasser tauft, Jesus hingegen der, der mit dem heiligen Geist tauft; Johannes der Täufer ist eben der, der tauft, Jesus der, auf den der Geist herab fuhr wie eine Taube vom Himmel und auf ihm bleibt; Johannes ist vor allem in unserem Text der, der hören lässt, wohingegen Jesus der ist, der sehen lässt. Johannes bekennt von sich im Verhältnis zu Jesus (Johannes 1,27):

Der wird nach mir kommen, und ich bin nicht wert, dass ich seine Schuhriemen löse.[63]

Bzw. (Johannes 1,31b):

[...] damit er Israel offenbart werde, darum bin ich gekommen [...].[64]

---

[62] Lutherbibel, revidierter Text 1984, durchgesehene Ausgabe, © 1999 Deutsche Bibelgesellschaft, Stuttgart.
[63] Lutherbibel, revidierter Text 1984, durchgesehene Ausgabe, © 1999 Deutsche Bibelgesellschaft, Stuttgart.
[64] Lutherbibel, revidierter Text 1984, durchgesehene Ausgabe, © 1999 Deutsche Bibelgesellschaft, Stuttgart.

Johannes weiß um seine Aufgabe: Er ist der große Zeigefinger, dessen Aufgabe darin besteht, auf Jesus hinzuzeigen. Er ist der, der Jesus bezeugt (Johannes 1,7f.):

Der kam zum Zeugnis, um von dem Licht zu zeugen, damit sie alle durch ihn glaubten. Er war nicht das Licht, sondern er sollte zeugen von dem Licht.[65]

Johannes deutet auf Jesus hin und verweist sogar seine eigenen Jünger auf Jesus. So, dass die, die zu ihm gehören, die auf ihn hören, ihn stehen lassen, ihn zurücklassen, um Jesus zu folgen. Damit beginnt die Nachfolge der ersten Jünger Jesu. Jedoch anders, als in den anderen Evangelien, tritt Jesus hier nicht auf als der, der aktiv in die Nachfolge aufruft, indem er auf Menschen zugeht und sie anspricht mit (z.B. Matthäus 19,21c):

[...] komm und folge mir nach!

Hier ist Jesus der, der scheinbar ahnungs- und absichtslos einfach nur vorübergeht, sozusagen eine vorübergehende Erscheinung.
Erst Johannes scheint diesen Vorübergehenden erkennen zu können und offenbart diese Erkenntnis seinen beiden Jüngern, indem er spricht: „Siehe, das ist Gottes Lamm!" Er gibt seinen Jüngern damit quasi eine `Überweisung´ an die Hand, dem nachzufolgen, welcher der wahrhaftigen Nachfolge würdig ist. Jesus reagiert nahezu beiläufig auf diese Ehrerweisung, indem er sich zu den Nachfolgenden umdreht und sie fragt: „Was sucht ihr?" Beinahe könnte der Eindruck entstehen, Jesus fühle sich durch die, die ihm folgen, belästigt. Was sucht ihr? Was wollt ihr von mir? Warum verfolgt ihr mich? Was lauft ihr mir nach? Die beiden ehemaligen Johannes-Jünger betiteln ihn mit „Rabbi",

[65] Lutherbibel, revidierter Text 1984, durchgesehene Ausgabe, © 1999 Deutsche Bibelgesellschaft, Stuttgart.

„Meister“, „Lehrer“ und fragen ihn: „Wo ist deine Herberge?“ Wo ist dein Zuhause? Wo haust du? Wo ist deine Herberge? Wo bist du geborgen? Wo ist deine Wohnung? Wo wohnst du? Wo ist deine Bleibe? Wo bleibst du? Oder gar: Wo bist du geblieben! Wo hast du so lange gesteckt! Wir haben dich doch gesucht!

Auf die Frage nach dem „Was sucht ihr?“ lautet hier die Antwort: „Dich haben wir von jeher gesucht!“ Und als Antwort auf die Frage nach der Herberge folgt nun keine lange theoretische Erörterung, sondern eine kurze und bündige Einladung: „Kommt und seht!“ So, wie Johannes ihnen Jesus zeigte, zeigt Jesus ihnen nun seine Herberge. Die einladende Verheißung Jesu erfüllt sich: Ihr werdet sehen! Kommt und seht! Und sie kamen und sahen. Wir erhalten weder einen Einblick in die detaillierte Wohnungseinrichtung der Herberge Jesu, noch eine weitere Erklärung dessen, was zwischen Jesus und den beiden Jüngern passiert. Schlicht und einfach lautet die Beschreibung des weiteren Geschehens: „Sie kamen und sahen es und blieben diesen Tag bei ihm.“

Das ist wahre Nachfolge: Nicht ein Kommen und Gehen, sondern ein Kommen und Sehen, ein Kommen, um zu Bleiben. Die Jünger folgen der Einladung Jesu, mit ihm mitzugehen, mitzukommen, zu sehen und zu bleiben. Wie lange die Jünger bei Jesus geblieben sind werden wir ebensowenig gewahr. Im Text heißt es unvermittelt: „Es war aber um die zehnte Stunde.“ Nach der jüdischen Zeitrechnung entspricht die zehnte Stunde unserem Nachmittag (ca.16 Uhr), nach römischer Zeitrechnung der Zeit am Vormittag (ca. 10 Uhr). Wie lange auch immer die beiden Jünger geblieben sein mögen, bestimmt sind sie geblieben bis ihr Sehen, bis ihre Einsicht vollendet war.

Nun beginnt der weitere Zuwachs der Jüngerschar: Andreas, der einst zu Johannes gehörte, findet seinen Bruder Simon Petrus. Diesem berichtet er, den Messias gefunden zu haben und bringt ihn zu Jesus. Wiederum ist es nicht Jesus selbst, der seine Jünger zur Nachfolge aufrufen muss, sondern die Jünger werden ihm, wie aus heiterem Himmel zugeführt. Interessanterweise ist nicht mehr die Rede von der Suche, vom Suchen („was sucht ihr?"), sondern nur noch vom Finden und Gefunden-Werden: Zuerst findet Andreas Simon Petrus, seinen Bruder, außerdem teilt er mit, in Jesus den Gesalbten gefunden zu haben. So, wie Johannes den Andreas auf Jesus verwiesen hat, Andreas dann Jesus nachfolgte, so führt Andreas nun Simon Petrus zu Jesus. Jesus erblickt Simon, kennt ihn mit Namen und erkennt ihn als Sohn des Johannes. Jesus sieht und versteht, sieht und kennt, sieht und erkennt. „Du bist!" Er kennt und erkennt Petrus, so dass hier nicht das Christusbekenntnis des Petrus, sondern das Petrusbekenntnis Christi dargestellt ist. Jesus weist Simon Petrus einen neuen Namen zu: „Du sollst heißen!" Mit dieser Neubennenung und Umtitelung erhält Simon Petrus seine Aufgabe: Simon, übersetzt der Hörende, wird nun zu Kephas, dem Felsen. Simon Petrus wird verwandelt vom Hörigen zum Felsen unerschütterlichen Vertrauens. Dem Simon Petrus wird eine neue Sinnstiftung zuteil: der, der bislang nur hörte, nur über mehrere Ecken hören konnte (von Johannes dem Täufer, über Andreas, seinen Bruder), wird nun neu einbezogen und direkt eingebunden. Auch wir können uns einbeziehen lassen und sind bereits Eingebundene. Auch wir, die wir Hörende sind, sind zum Kommen und Sehen, zum Kommen und Bleiben eingeladen. Auch wir dürfen in die Nachfolge treten, ohne in der Suche stekken bleiben zu müssen. Unsere Bleibe und Herberge muss nicht länger die Suche sein. Wir sind zu einem Mitgehen eingeladen, das finden lässt. Wir dürfen findig und fündig werden. Ja, wir sind bereits Gefundene. Zudem sind wir eingeladen, in diesem Gefunden-Sein unsere Bleibe zu haben.

Und der Friede Gottes, der höher ist als all unsere menschliche Vernunft bewahre unsere Herzen und Sinne in Christus Jesus. Amen.

(13) 5. Sonntag nach Trinitatis[66]: Genesis 12,1-4a: Abrams Berufung

Und der HERR sprach zu Abram: Geh aus deinem Vaterland und von deiner Verwandtschaft und aus deines Vaters Hause in ein Land, das ich dir zeigen will. Und ich will dich zum großen Volk machen und will dich segnen und dir einen großen Namen machen, und du sollst ein Segen sein. Ich will segnen, die dich segnen, und verfluchen, die dich verfluchen; und in dir sollen gesegnet werden alle Geschlechter auf Erden. Da zog Abram aus, wie der HERR zu ihm gesagt hatte.[67]

Gnade sei mit uns und Friede von Gott unserm Vater und unserm Herrn Jesus Christus. Amen.

Liebe Gemeinde.

Luther schreibt in seiner gründlichen und erbaulichen Auslegung des ersten Buchs Mosis: „Dieses ist ein sonderlicher, vortrefflicher Text und einer aus den vornehmsten der ganzen heiligen Schrift. Darum soll man ihn nicht leichtsinnig und obenhin berühren und überlaufen, sondern fleißig ansehen, sorgfältig auseinanderwickeln und erklären."
Gerhard von Rad betont in seiner Meditation über Genesis 12: „Für jegliche Auslegung der jahwistischen Perikope von Abrahams Auszug ist die Erkenntnis ihres engen Zusammenhanges mit der vorausgegangenen Urgeschichte schlechterdings entscheidend."
Somit fasse ich die Vorgeschichte, Genesis 1 bis 11, zusammen, in welcher es um Gottes Geschichte mit der Welt und mit den Menschen geht, in welcher die Kluft zwischen Gott und den Menschen immer größer wird; vom an-

[66] (16.7.2006)
[67] Lutherbibel, revidierter Text 1984, durchgesehene Ausgabe, © 1999 Deutsche Bibelgesellschaft, Stuttgart.

fänglichen Sündenfall, über den Brudermord, das Rachelied, die Ehen mit den Engeln bis hin zur Sintflut und dem Turmbau zu Babel. Gott bleibt der auf die menschliche Bosheit nur Reagierende, indem er die Menschen zunächst aus dem Paradies vertreibt und schließlich in alle Länder zerstreut.

In Genesis 12 kommt die Urgeschichte zu ihrem Ende, doch im Ende beginnt bereits eine völlig neue Geschichte. Erstmals seit der Schöpfungsgeschichte wird Gott wieder zum frei und souverän Handelnden. Nachdem er in der Schöpfungsgeschichte die Schöpfung aus dem Nichts ins Sein gerufen hatte, ruft er nun einen Menschen scheinbar aus dem Sein ins Nichts. Gott wird zum Aktiven, zum Redenden und Handelnden. Unser Predigttext beschreibt das unableitbare, einzigartige Handeln Gottes an einem einzelnen Menschen, der aus allem herausgerufen wird, was ihm bislang Geborgenheit, Schutz und Halt geboten hat. Gott ruft einen Menschen heraus aus seinem Vaterland, seiner Sippe und seinem Vaterhaus. Unter heutigen Lebensbedingungen ist uns kaum noch vorstellbar, was Abraham alles verlassen soll: Land, Sippe und Vaterhaus. A) das Land ist nicht nur Besitz, sondern dient als Garant für Auskommen und Nahrung; als Land der Väter ist es der Boden unter den Füßen, der trägt. B) Die Sippe ist die umgebende Verwandtschaft, die den einzelnen und seine Angehörigen - sogar die kinderlose Frau - zu schützen vermag, notfalls sogar durch Blutrache. C) Das Vaterhaus meint die engste Verbundenheit in der patriarchalisch geordneten Kleinfamilie. Abraham soll somit im Land das „Gewohnte", in der Sippe das „Schützende" und im familiären Vaterhaus das „Geliebte" verlassen.

Der dreifachen Herausrufung entspricht der dreifache Segen: Gott will Abraham a) zu einem großen Volk machen, ihm b) einen großen Namen schenken und ihn c) zum Segen werden lassen. Angesichts eines so massiven Segens können wir nicht mehr behaupten, Gott rufe Abraham aus dem Sein ins Nichts hinaus. Der Segen ist für den Schreiber des Textes, für den sog. „Jahwisten" kein Nichts, sondern eine unüberbietbare Realität, der Segen gewährleistet verlässliches Sein (ens realissimum). Diesem Segen gegenüber könnte eher Vaterland, Sippe und Familie als Nichts bezeichnet werden. Am ehesten trifft die Behauptung zu, Gottes Segen rufe Abraham aus dem Haben ins Sein, ins eigentliche Sein, das sich nicht länger durch den Besitz definieren lässt (dein Land, deine Sippe, dein Haus), sondern durch das Vertrauen auf die Zusage Gottes. In der Verheißung „Ich will dich segnen" liegt alles andere beschlossen: der große Name, das Wachsen zu einem unzählbar großem Volk, ebenso wie die Zusage, für andere zu einem Segen zu werden. Der ursprünglich ungeschichtliche Segen erhält plötzlich eine geschichtliche Dimension. Die Verheißung des Segens an Abraham verbindet den Segen mit der Geschichte, verknüpft die Geschichte der Väter mit der Geschichte des Volkes Israel. Abraham wird zum Inbegriff des Segens. In seinem Namen ist Segen zu gewinnen. Doch kein Segen, der angeeignet und unter Beschlag genommen werden will, sondern ein Segen, der zum Segen für andere ist und wird. Dieser Wucht des Segens kann Abraham nicht widerstehen. Es gilt die Macht des unwiderstehlichen Segens.

Claus Westermann schreibt in seinem Kommentar zum Buch Genesis, zum ersten Buch Mose: „Dass Abraham geht, wie Gott es ihm geboten hat, ist das Normale und das Natürliche; Wagnis und Risiko wären es für Abraham, wenn er nicht ginge." Die schöpferische Liebe Gottes mit der gesamten Segensfülle reißt Abraham aus allen Bindungen und Verkettungen von Vaterland, Sippe und Haus heraus, um ihn auf den Weg einer unendlichen Segensvermehrung zu bringen. Die Liebe Gottes findet ihren prägnantesten Ausdruck in den Worten: „Ich will dich!" Luther prägte dazu die These: „Die Liebe Gottes findet nicht, sondern schafft ihr Liebenswertes; die Liebe des Menschen entsteht an dem ihr Liebenswerten." (Amor Dei non invenit sed creat suum diligibile, amor hominis fit a suo diligibile.) Im Kontrast zur Turmbaugeschichte gewinnt die Berufung des Abraham an Bedeutsamkeit:

A) In Babel geht es um eine Allerweltsgeschichte, welche mit den Worten beginnt: „es hatte aber alle Welt ...", in Abrahams Berufungsgeschichte geht es um einen einzelnen Menschen. Heißt es in Babel allgemein: „Wohlauf, lasst uns ...", so wird Abraham gezielt angesprochen: „Ich will dich ...". Abraham kann sich nicht mehr in einem unbestimmten „Wir" verstecken, sondern wird bei seinem Namen genannt und herausgerufen aus allen Schutzräumen eines Kollektivs.

B) In Babel geht es vom Ziegelstreichen, über den Mauer- und Turmbau nur ums Sesshaftwerden, bei Abraham handelt es sich um eine Geschichte des Auszugs. Ein 75jähriger alter Mann wird mit seiner unfruchtbaren, kinderlosen Frau aus allen Bindungen herausgerufen. Wenn Jahwe Segen verheißt, kann sogar eine Unfruchtbare schwanger werden. Menschen wollen haben und bleiben. Doch der Segensstrom Gottes trägt dazu bei, Loszulassen und Auszuziehen.

C) In Babel heißt es: „dass wir uns einen Namen machen", doch die Zusage an Abraham lautet: „Ich will dir einen großen Namen machen". Die Menschen in Babel greifen ein in das göttliche Geschäft der Namensgebung, sie wollen sich selbst namhaft machen. Darüber verwirrt sich ihnen jedoch die Sprache so sehr, dass sie in alle Winde zerstreut werden. Abraham hingegen bekommt von Gott einen Namen geschenkt (Abraham ist hebräisch und heißt übersetzt: Vater der Völker). Gott allein gebührt der Name, doch im Namen Abrahams teilt Gott die Ehre, so dass alle Völker am Segen Gottes teilhaben können. Von Abraham können wir lernen, daß der Segen nur im Ausziehen, im Gehen, im Weitergeben zu bewahren ist. Somit endet unsere Geschichte kurz und knapp mit den Worten: „Und Abraham zog aus, wie der Herr zu ihm gesagt hatte."

Und der Friede Gottes, der höher ist als all unsere menschliche Vernunft, bewahre unsere Herzen und Sinne in Christus Jesus. Amen.

(14) 6. Sonntag nach Trinitatis[68]: Römer 6,3-11: Das Neue Leben

Liebe Gemeinde!

1. Der ganze 6. Sonntag nach Trinitatis dreht sich um die Taufe: Wir haben ein Tauflied gesungen (EG 200: ich bin getauft auf deinen Namen); wir haben den Wochen- und Gnadenspruch gehört, den wir aus dem Zusammenhang der Taufe kennen (Jesaja 43,1b):

[...] Fürchte dich nicht, denn ich habe dich erlöst; ich habe dich bei deinem Namen gerufen; du bist mein![69]

Wir hörten in der Evangelienlesung den Missions- bzw. Taufbefehl Jesu (Matthäus 28,18b.19):

Mir ist gegeben alles Gewalt im Himmel und auf Erden. Darum gehet hin und machet zu Jüngern alle Völker: Taufet sie auf den Namen des Vaters und des Sohnes und des Heiligen Geistes und lehret sie halten alles, was ich euch befohlen habe. Und siehe, ich bin bei euch alle Tage bis an der Welt Ende.[70]

Gerade sangen wir ein weiteres Lied zur Taufe (EG 210: in der Taufe bekenne ich dich). Auch der heutige Predigttext wird sich mit der Taufe auseinandersetzen (Römer 6,3-11).
2. Was, denken wir, bedeutet uns nun die „Taufe“? Hier in der Gemeinde werden meist Säuglinge getauft. Der Gottesdienst wird um 10 Uhr gefeiert, so, wie jetzt auch, und die Täuflinge kommen dann um 11 Uhr an die Reihe.

---

[68] (18.7.2004)

[69] Lutherbibel, revidierter Text 1984, durchgesehene Ausgabe, © 1999 Deutsche Bibelgesellschaft, Stuttgart.

[70] Lutherbibel, revidierter Text 1984, durchgesehene Ausgabe, © 1999 Deutsche Bibelgesellschaft, Stuttgart.

Die Gemeinde feiert für sich und die Tauffamilie feiert anschließend im kleinen Kreise. Die Taufe hat sich zu einer fast privaten Familienfeier entwickelt. Das Elternpaar bringt (gemeinsam mit Verwandten: Großeltern, Tanten und Onkeln, Nichten und Neffen, Patinnen und Paten, Freunden und Bekannten) das Neugeborene in die Kirche, lässt es dort taufen, segnen und fotografieren und zieht sich dann wieder ins häusliche Dasein zurück. Somit hat sich die Taufe zu einer intim-familiären Festlichkeit entwickelt, die Vorstellungen von privatem Glück und Idyll heraufbeschwört, nach dem Motto: „Unser Kind ist getauft, jetzt kann ihm nichts mehr passieren!“ Verstehen Sie mich nicht falsch, ich möchte die Kindertaufe, die sich volkskirchlich eingebürgert hat, hier nicht ins Lächerliche ziehen oder verunglimpfen, sondern lediglich unser Taufverständnis einmal von einer anderen Perspektive her betrachten.

3. Was soll die Taufe eigentlich bedeuten – und was auch wiederum nicht? Ich halte es nicht nur für nachvollziehbar, sondern auch für berechtigt, dass Eltern sich für ihr Kind, das Beste wünschen und erhoffen; ihm, nachdem es vermessen, gewogen, untersucht, gesäubert, begutachtet, registriert, beurkundet, gemeldet, abstammungs-urkundlich bestätigt wurde, nun auch eine endlich persönliche Feier widmen möchten, die über das bloß institutionelle hinausgeht und das „Unglaubliche“ zur Sprache bringt, nämlich: die Geburt eines neuen Menschen! Verständlich ist mir auch die Sehnsucht nach Sinn und Sinn-Gebung, das Verlangen danach, dass jemand die Existenz meines Kindes, die neue Familienkonstellation, gutheißt, sein „Ja“ dazu gibt und seinen Segen zusprechen kann. Wer sollte dieser Jemand anders sein als Gott? Wo sollte dieses Bedürfnis gestillt werden, wenn nicht in der Taufe? „Gott liebt Dich, Gott hat Dich gewollt, er hat Dich so geschaffen, er hält Dein Leben in der Hand, bei ihm bist Du geborgen.“ All dies soll in der Taufe dem Täufling zugesagt werden. Wie soll nun ein Mensch, wie soll ein Säugling all dies begreifen? Wie können wir es begreifen?

4. Paulus weiß etwas, zu Anspruch und Zuspruch der Taufe zu schreiben: In Römer 6, Vers 3 formuliert Paulus Folgendes zum Anspruch der Taufe: „Aber

wisst ihr nicht, dass alle, die wir auf Christus Jesus getauft sind, die sind in seinen Tod getauft?“ Taufe ist nicht nur ein banales Wasser auf die Stirn träufeln, ein 3-Sekunden-Akt zur Aufmunterung der Familienangehörigen. Im Sinne der paulinischen Aussage verliert die Taufe alles Niedliche, Putzige, Idyllische und Harmlose. Die Taufe gewinnt eine andere Dimension: es geht um Leben und Tod. Nicht umsonst hat „taufen“ mit „tauchen“, mit „unter Wasser tauchen“ zu tun, mit „ersäufen“, wie Luther es nennt. Es geht ums Hineingetauftsein in den Tod Jesu Christi, und der war, wie wir wissen, alles andere als schmerzfrei, unterhaltsam und für´s Fotoalbum geeignet. Die gesamte Passion Jesu rückt plötzlich ins Blickfeld, Karfreitags-Erinnerungen werden wach: Jesus stirbt schreiend am Kreuz. (Und Jesus schrie nicht, weil ihm der Schnuller fehlte.) Doch ergänzen wir das Bild: Paulus weiß auch etwas über den Zuspruch der Taufe zu schreiben. In Römer 6, Vers 4 heißt es: „So sind wir ja mit Jesus Christus begraben durch die Taufe in den Tod, damit, wie Christus auferweckt ist von den Toten durch die Herrlichkeit des Vaters, auch wir in einem neuen Leben wandeln.“ Es gibt also nicht nur das Untertauchen unter Wasser, das Ersäufen, es gibt auch ein hoffnungsvolles Auftauchen, ein Wieder zu Atem kommen. Es bleibt also nicht bei Karfreitag und seiner Finsternis stehen, es kommt wieder Licht zum Vorschein, der Grabstein ist fortgewälzt, Ostern ist da! Ich lese nun den gesamten Predigttext einmal im Zusammenhang vor: Römer 6, die Verse 3 bis 11:

Aber wisst ihr nicht, dass alle, die wir auf Christus Jesus getauft sind, die sind in seinen Tod getauft? So sind wir ja mit ihm begraben durch die Taufe in den Tod, damit, wie Christus auferweckt ist von den Toten durch die Herrlichkeit des Vaters, auch wir in einem neuen Leben wandeln. Denn wenn wir mit ihm verbunden und ihm gleich geworden sind in seinem Tod, so werden wir ihm auch in der Auferstehung gleich sein. Wir wissen ja, dass unser alter Mensch mit ihm gekreuzigt ist, damit der Leib der Sünde vernichtet werde, sodass wir hinfort der Sünde nicht dienen. Denn wer gestorben ist, der ist frei geworden von der Sünde. Sind wir aber mit Christus gestorben, so glauben wir, dass wir auch mit ihm leben werden, und wissen, dass Christus, von den Toten erweckt, hinfort nicht stirbt; der Tod kann hinfort über ihn nicht herrschen. Denn was er gestorben ist, das ist er der Sünde gestorben ein für allemal; was er aber lebt, das lebt er Gott. So auch ihr, haltet dafür, dass ihr der Sünde gestorben seid und lebt Gott in Christus Jesus.[71]

5. Für uns kann dies nun Folgendes bedeuten: Kirche lebt nicht davon, dass sie möglichst viele eingetragene Mitglieder hat. Nicht allein die Anzahl der Getauften macht eine Gemeinde lebendig. Es kann auch nicht darum gehen, die Taufe als zeitnah und schick, als Kundenservice und kostenlose Dienstleistung anzubieten. Taufe ist weder zeitnah, noch schick, noch kostenlos. Sie ist ein Jahrtausende alter Brauch und war teilweise sogar so verpönt, dass sie das Leben kostete. Wenn wir es ernst meinen damit, mit Christus verbunden zu sein, „Sýmphytoi / Zusammengewachsene“ mit ihm und untereinander, dann gehört auch die Taufe wieder mehr ins Zentrum der Gemeinde, vielleicht sogar wieder in den Gemeindegottesdienst hinein. Dann wächst mit jeder Taufe jemand zur Gemeinde hinzu, der - in Tod und Auferstehung - Christus gleich werden wird. Auch uns, die wir bereits getauft sind, gilt der Anspruch, dass wir uns nicht durch den Tod beherrschen lassen sollen, da der Name unseres Herrn nicht „Tod“ oder „Sünde“ lautet, sondern Jesus Christus, Todesüberwinder. Auf seinen Namen, in ihn hinein, sind wir getauft. Es gilt uns die Verheißung, dass Christus als der „Kyrios“ herrscht, der den Tod bereits überwunden hat, damit wir in der Neuheit des Lebens wandeln können.

Und der Friede Gottes, der höher ist als all´ unsere Vernunft, bewahre unsere Herzen und Sinne in Jesus Christus. Amen!

---

[71] Lutherbibel, revidierter Text 1984, durchgesehene Ausgabe, © 1999 Deutsche Bibelgesellschaft, Stuttgart.

(15) 6. Sonntag nach Trinitatis / Taufgedächtnis[72]: Jesaja 43,1-7: Gott erlöst sein Volk

Gnade sei mit uns und Friede von Gott unserem Vater und dem Herrn Jesus Christus. Amen.

Liebe Gemeinde.

Der heutige sechste Sonntag nach Trinitatis steht ganz unter dem Motto des „Taufgedächtnisses“. Der dazugehörige Bibel- und Predigttext aus dem Buch Jesaja scheint, im Zusammenhang gelesen, auf Anhieb nicht so recht mit der Thematik des Taufgedächtnisses übereinzustimmen. Ich lese aus Jesaja, Kapitel 43, die Verse 1 bis 7:

Und nun spricht der HERR, der dich geschaffen hat, Jakob, und dich gemacht hat, Israel: Fürchte dich nicht, denn ich habe dich erlöst; ich habe dich bei deinem Namen gerufen; du bist mein! Wenn du durch Wasser gehst, will ich bei dir sein, dass dich die Ströme nicht ersäufen sollen; und wenn du ins Feuer gehst, sollst du nicht brennen, und die Flamme soll dich nicht versengen. Denn ich bin der HERR, dein Gott, der Heilige Israels, dein Heiland. Ich habe Ägypten für dich als Lösegeld gegeben, Kusch und Seba an deiner Statt, weil du in meinen Augen so wert geachtet und auch herrlich bist und weil ich dich lieb habe. Ich gebe Menschen an deiner Statt und Völker für dein Leben. So fürchte dich nun nicht, denn ich bin bei dir. Ich will vom Osten deine Kinder bringen und dich vom Westen her sammeln, ich will sagen zum Norden: Gib her!, und zum Süden: Halte nicht zurück! Bring her meine Söhne von ferne und meine Töchter vom Ende der Erde, alle, die mit meinem Na-

[72] (15.7.2007)

men genannt sind, die ich zu meiner Ehre geschaffen und zubereitet und gemacht habe.[73]

[Rückblickend können wir uns fragen, mit welchem Recht sogenannte „Christen" den Zuspruch, der innerhalb der „hebräischen Bibel" an das Volk Israel ergeht, auf sich zu beziehen wagen. Rückblickend können wir uns ebenso fragen, welchen Schaden diese absolute Verheißung an nur ein Volk anzurichten imstande war und bis zum heutigen Tage auch noch ist. Weder scheint es Heil gebracht zu haben über das Volk Israel selbst, noch über die sich diesen Heilszuspruch angeeignet habenden „Christen". Wie nun also, wenn wir dieses Heil jedem einzelnen Täufling quasi zueignen?]
Was wir anlässlich der Taufe auf uns beziehen bzw. auf den einzelnen Täufling, gilt, nach dem Propheten (Deutero-)Jesaja eigentlich Jakob bzw. dem Volke Israel. Gott hat sein Volk erlöst, hat Lösegeld für es gegeben, es damit rechtmäßig erworben und freigekauft. Israel gehört nun ihm, Gott, dem Herrn. Niemand kann ihm Schaden tun, niemand kann es auslöschen. Weder soll es von Wasserfluten ersäuft werden können, noch von Feuersbrünsten versengt werden. Von allen Enden der Erde soll es gesammelt werden, niemand kann es aufhalten oder (be-)hindern. Und diesen Zuspruch Gottes an Israel übertragen wir Christen, die wir uns nach Christus nennen, die wir getauft werden „im Namen Gottes des Vaters, des Sohnes und des Heiligen Geistes" auf uns. Wir glauben daran, dass die Verheißung Gottes, die Jesaja dem Volk Israel zuspricht, auch uns gilt. Wir glauben daran, dass wir vor Gott wert geachtet sind, weil er uns liebt, weil er uns zu seiner Ehre geschaffen und zubereitet hat. In der Taufe sprechen wir diese Liebe Gottes jedem einzelnen Täufling zu. Sei er groß oder klein. Sei er mündig oder unmündig. Sei er erwachsen oder noch heranwachsend. Denn wer, auch wenn er sich mündig dünkt, kann sich anmaßen, wahrhaft imstande zu sein, dieses „Wunder

[73] Lutherbibel, revidierter Text 1984, durchgesehene Ausgabe, © 1999 Deutsche Bibelgesellschaft, Stuttgart.

Gottes“ wahrhaftig begreifen zu können? Auch nach noch so vielem Studieren, Lesen und Reflektieren bleibt doch nur die dankbare Annahme der Zusage Gottes, die uns ohne eigene Vorleistung, ohne Selbstaufbringung des Lösegeld-Preises, quasi geschenkt wird und die wir in der Taufe empfangen dürfen. Die gesamte Botschaft des Textes fassen wir in dem heute geltenden Wochenspruch aus Jesaja zusammen (Jesaja 43,1b):

[...] Fürchte dich nicht, denn ich habe dich erlöst; ich habe dich bei deinem Namen gerufen; du bist mein![74]

Doch diese geschenkte Zusage beinhaltet auch einen Auftrag. Gott spricht uns zu, Gott spricht zu uns. Doch wir müssen diesen Zuspruch überhaupt erst einmal an uns ergehen lassen. Wir müssen diesem Zuspruch überhaupt erst einmal Gehör schenken. Viele sprechen zu uns und nehmen unser Gehör in Beschlag, verlangen unsere Zugehörigkeit. Doch kaum jemals ist die dahinter verborgene Botschaft eine so tröstliche, wie wir sie von unserem Gott empfangen dürfen: Fürchte dich nicht! Wie oft lautet sie hingegen völlig konträr: Hui buh! Hab Angst! Knie vor mir nieder! Fürchte mich! Sonst lehr´ ich dir das Grauen! Achte mich und beuge dich vor mir nieder, sonst helf´ ich nach! An uns ergeht jedoch die Angst-vertreibende Botschaft: Fürchte dich nicht; denn ich habe dich erlöst! Das beinhaltet zugleich: wir sind bereits Erlöste und teuer Erkaufte. Wir brauchen nicht weiterhin unserer Selbst-Erlösung nachzujagen, wie sie uns allerorten verkauft wird. Wir müssen nicht unser Leben gleichsam als Opfer darbringen, um den Preis unseres Lösegeldes selbst aufzubringen, um unser Leben selbst zu finanzieren, wie es uns die werbende Gesellschaft suggerieren mag.
So spricht der Herr, der dich geschaffen hat: Ich habe dich bei deinem Namen gerufen! Daran dürfen wir uns immer erinnern, dessen dürfen wir ewig

[74] Lutherbibel, revidierter Text 1984, durchgesehene Ausgabe, © 1999 Deutsche Bibelgesellschaft, Stuttgart.

eingedenk sein. Gott, der Herr, unser Schöpfer, hat unsere Person, mit allem, was dazugehört, geschaffen und bereitet. Und er hat uns, so wie er uns geschaffen hat, bei unserem Namen gerufen. Indem er unseren Namen gerufen hat, hat er uns gleichsam überhaupt erst ins Leben hinein gerufen. Mitten in die Existenz hinein, die wir sind – mit allem drum und dran. Unser Leben ist ein gott-gewolltes! So spricht der Herr: Ich habe dich bei deinem Namen gerufen; du bist mein! Diese uns vielleicht ein wenig fremd anmutende Inbesitznahme, dieser Besitzanspruch überhaupt, soll uns nicht erschrecken, sondern uns vielmehr klar machen, wo wir hingehören, wem wir zugehörig sind. Wir sind keine anonymen Lebewesen, die kommen und gehen, die verschwinden und vergessen werden. Wir müssen nicht künstlich an unserem Selbsterhalt und Eigengedächtnis arbeiten. Wir haben schon längst unsere Zugehörigkeit erlangt und sind schon längst „Besessene“: Gott besitzt uns. Wir sind sein Eigentum. Er hat uns geschaffen. Er hat uns gerufen. Wir gehören ihm. Und diese Zugehörigkeit zu leben, die uns insbesondere durch die Taufe zugesagt wurde – Wir selbst können uns nur an die Zugehörigkeit erinnern, sie uns aber nicht selbst zusprechen, dazu bedarf es eines anderen, der uns die Zusage eben zu-sagt, zu-ruft, zu-spricht – das ist die Herausforderung an unser Leben, an unsere Person, dies ist der mit der Taufe verbundene Auftrag, dem wir entsprechen dürfen und sollen. Dies meint nicht, dass uns nichts geschehen mag oder kann, dies ist keine „Heile-Welt-Garantie“ (oder doch?); Es heißt nur, dass – komme was da wolle – Gott seine Verheißung wahr macht bzw. wahr gemacht hat, uns erlöst zu haben und uns von allen Enden der Erde zu sammeln und uns zu bewahren zu dem Ziel hin, das er uns vor-gestellt hat. Wir sind herrlich geschaffen, weil Gott uns liebt. Gott wird mit uns sein!

Und der Friede Gottes, der höher ist als all´ unsere menschliche Vernunft bewahre unsere Herzen und Sinne in Christus Jesus. Amen.

(16) 8. Sonntag nach Trinitatis[75]: Römer 6,19-23: Die Freiheit von der Sünde

Liebe Gemeinde!

Soeben haben wir gemeinsam einen Taufe gefeiert. Ein Kind wurde zur Taufe gebracht. Im heutigen Predigttext geht es auch um die Taufe. Paulus beschreibt uns im 6. Kapitel des Römerbriefes sehr drastisch sein Taufverständnis: Wisst ihr nicht, daß alle, die wir auf Christus Jesus getauft sind, die sind in seinen Tod getauft? So sind wir ja mit ihm begraben durch die Taufe in den Tod, damit, wie Christus auferweckt ist von den Toten durch die Herrlichkeit des Vaters, auch wir in einem neuen Leben wandeln. So heißt es in den Versen 3 und 4. Auch wenn uns die gedankliche Verbindung von Taufe mit Tod wohl sehr schwerfallen wird, möchte uns Paulus mit diesem Bild vor allem auf das neue Leben verweisen, in dem wir nach der Taufe wandeln. Weiterhin verdeutlicht uns Paulus den kompletten Herrschaftswechsel, der sich in und mit der Taufe ereignet. So erläutert er es näher in im eigentlichen Predigttext, Römer 6, die Verse 16 bis 23. Ich lese:

Wisst ihr nicht: wem ihr euch zu Knechten macht, um ihm zu gehorchen, dessen Knechte seid ihr und müsst ihm gehorsam sein, es sei der Sünde zum Tode oder dem Gehorsam zur Gerechtigkeit? Gott sei aber gedankt, dass ihr Knechte der Sünde gewesen seid, aber nun von Herzen gehorsam geworden der Gestalt der Lehre, der ihr ergeben seid. Denn indem ihr nun frei geworden seid von der Sünde, seid ihr Knechte geworden der Gerechtigkeit. Ich muss menschlich davon reden um der Schwachheit eures Fleisches willen: Wie ihr eure Glieder hingegeben hattet an den Dienst der Unreinheit und Ungerechtigkeit zu immer neuer Ungerechtigkeit, so gebt nun eure Glieder hin

[75] (21.7.2002)

an den Dienst der Gerechtigkeit, dass sie heilig werden. Denn als ihr Knechte der Sünde wart, da wart ihr frei von der Gerechtigkeit. Was hattet ihr nun damals für Frucht? Solche, deren ihr euch jetzt schämt; denn das Ende derselben ist der Tod. Nun aber, da ihr von der Sünde frei und Gottes Knechte geworden seid, habt ihr darin eure Frucht, dass ihr heilig werdet; das Ende aber ist das ewige Leben. Denn der Sünde Sold ist der Tod; die Gabe Gottes aber ist das ewige Leben in Christus Jesus, unserm Herrn.[76]

So weit der Predigttext. Er mag uns unverständlich und kompliziert erscheinen, uns verwirren oder gar abschrecken. Paulus bemüht sich eigentlich nur darum, seinen Lesern bzw. Hörern den Herrschaftswechsel zu veranschaulichen, der sich seiner Meinung nach, in der Taufe ereignet. Mit immer wiederkehrenden Worten versucht Paulus die Bewegung zu beschreiben, die sich in der Taufe vollzieht: 1)von der Sünde zum Tode zum Gehorsam zur Gerechtigkeit; 2) von der Knechtschaft der Sünde zum Gehorsam der Lehre; 3) von der Sünde zur Knechtschaft der Gerechtigkeit; 4) vom Dienst der Ungerechtigkeit an den Dienst der Gerechtigkeit; 5) von der Unreinheit der Glieder an die Heiligkeit der Glieder; 6) vom Knecht der Sünde zum Knecht Gottes; 7) von der Frucht der Scham zur Frucht der Heiligung; 8) vom Ziel des Todes zum Ziel des ewigen Lebens; 9) vom Sold der Sünde zur Gabe Gottes; 10) vom Tod zum ewigen Leben in Christus Jesus. Paulus will erklären, dass nach der Taufe alles anders ist, als zuvor.

Nun können wir denken: ja, was soll sich denn noch alles in der Taufe ereignen, in der doch eigentlich nur jemand mit Wasser begossen wird? Dazu möchte ich Folgendes sagen: Wenn Paulus von der Taufe spricht, meint er nicht die heutige Praxis der Kindertaufe. Er denkt nicht daran, dass ein Kind in eine gemeindliche Tradition gestellt wird, die sich, bereits 2000-jährig, kulturell etabliert hat. Er denkt auch nicht daran, dass sich jemand, der bereits

[76] Lutherbibel, revidierter Text 1984, durchgesehene Ausgabe, © 1999 Deutsche Bibelgesellschaft, Stuttgart.

von Kindesbeinen an christlich erzogen wurde, taufen lässt, weil es Brauch, weil es Usus ist. Paulus denkt dabei eher an sich selbst, wie er sprichwörtlich „vom Saulus zum Paulus“ verwandelt wurde. Der alte Saulus, einer der rigidesten Christenhasser und Christenverfolger verwandelt sich in Paulus, den bekanntesten „Christenmacher“ und Missionar. Doch kann man eine solche Verwandlung, wie Paulus sie erlebte, eine radikale Wende um 180°, einen totale Umkehr oder sogenannte „Bekehrung“ von jedermann verlangen? Paulus verlangt es. Wie Jesus in der Bergpredigt behauptet (Matthäus 6,24):

Niemand kann zwei Herren dienen: Entweder er wird den einen hassen und den andern lieben, oder er wird an dem einen hängen und den andern verachten. Ihr könnt nicht Gott dienen und dem Mammon.[77]

So ähnlich behauptet Paulus in unserem Predigttext: Niemand kann zwei Herren dienen: Entweder er dient der Unreinheit, Ungerechtigkeit und der Sünde oder er dient der Heiligung, der Gerechtigkeit und der Lehre. Ihr könnt nicht Gott dienen und der Sünde. So unattraktiv das Bild des Sklavendienstes und der Knechtschaft auch für uns sein und auf uns wirken mag, Paulus lässt uns keine Alternative. Wir sind Knechte. Und sind wir nicht Knechte Gottes, so sind wir automatisch Knechte der Sünde. Wir müssen dienen. Und dienen wir nicht Gott und der Gerechtigkeit, so dienen wir automatisch der Sünde und der Ungerechtigkeit. Wir müssen gehorchen. Und gehorchen wir nicht von Herzen der Gestalt der Lehre Gottes, so gehorchen wir der beschämenden Lehre der Unreinheit. Die einzige Wahl, die Paulus uns lässt ist die, wessen Knechte wir sein wollen, wem wir dienen und gehorchen wollen.
Ich möchte Ihnen und mir nun ein wenig Zeit einräumen, der Frage nachzugehen, wessen Knecht Sie sind, zu wessen Sklaven Sie sich machen, wem

[77] Lutherbibel, revidierter Text 1984, durchgesehene Ausgabe, © 1999 Deutsche Bibelgesellschaft, Stuttgart.

Sie gehorchen. Und dann die Frage stellen, wem sie stattdessen eigentlich lieber gehorchen und gehören würden. ...
[Stille]
... Eine spannende Frage. Vielleicht sogar ein paar aufschlussreiche Gedanken und Erkenntnisse. Wessen Knechte sind wir? Wo gehorchen wir der Ungerechtigkeit? Paulus weiß um die Kraft der Versuchung, er kennt die Schwachheit des Fleisches. Und weil er sie kennt, wirbt er derart eindringlich, und argumentiert mit all´ seiner Überzeugungskraft. Er wirbt für den Dienst an Gott, für den Gottesdienst, und argumentiert gegen den Dienst der Sünde: Wie für jeden Dienst, so behauptet Paulus, gibt es auch für diese Dienste einen Lohn, ein Entgelt, ein Gehalt. Und nun wird es ganz einfach: Der Sold der Sünde ist der Tod, die Gabe Gottes aber ist das ewige Leben. Die Frucht der Sündenknechtschaft ist die Scham, die Frucht der Gottesknechtschaft aber die Heiligung. Ja, bitte schön, wem soll dann noch die Entscheidung schwerfallen? Die Kriterien für unser Handeln und Tun sind klar definiert: Alles, was totmacht, und tot sein und bleiben lässt, ist der Sünde Sold und alles, wessen man sich schämen muss, ist Frucht der Sündenknechtschaft. Hingegen ist alles, was lebendig sein und bleiben lässt, alles, was zur Auferstehung führt, eine Gabe Gottes und alles, was heil und heilig werden lässt, eine Frucht des Gottesdienstes. Der Sünde zu dienen, ist eine Sklavenschaft zur Zerrüttung, zur Zermürbung, Zerstörung und zum Tode. Gott dienen heißt, ihm von Herzen zugehörig und ergeben zu sein, ein Leben zu leben, ein ewiges Leben, das keinen Tod mehr kennt. Den Mut, dies zu wagen und auszuprobieren, wünsche ich uns allen!

Amen!

(17) 9. Sonntag nach Trinitatis[78]: Jeremia 1,4-10: Jeremias Berufung

Die Gnade unseres Herrn Jesus Christus und die Liebe Gottes und die Gemeinschaft des Heiligen Geistes sei mit euch allen!

Der vorgeschlagene Predigttext für den heutigen Sonntag, den 9. Sonntag nach Trinitatis, steht im Buch Jeremia, Kapitel 1, die Verse 4 bis 10. Es handelt sich in dieser Perikope um die Berufung Jeremias:

Und des HERRN Wort geschah zu mir: Ich kannte dich, ehe ich dich im Mutterleibe bereitete, und sonderte dich aus, ehe du von der Mutter geboren wurdest, und bestellte dich zum Propheten für die Völker. Ich aber sprach: Ach, Herr, HERR, ich tauge nicht zu predigen; denn ich bin zu jung. Der HERR sprach aber zu mir: Sage nicht: „Ich bin zu jung“, sondern du sollst gehen, wohin ich dich sende, und predigen alles, was ich dir gebiete. Fürchte dich nicht vor ihnen; denn ich bin bei dir und will dich erretten, spricht der HERR. Und der HERR streckte seine Hand aus und rührte meinen Mund an und sprach zu mir: Siehe, ich lege meine Worte in deinen Mund. Siehe, ich setze dich heute über Völker und Königreiche, daß du ausreißen und einreißen, zerstören und verderben sollst und bauen und pflanzen.[79]

Liebe Gemeinde!

Wie würden wir reagieren, erginge an uns das Wort des Herrn, erkannt, ausgesondert und zu einer bestimmten Aufgabe bestellt zu sein? So sehr dadurch auch unser Bedürfnis befriedigt wird, gekannt und nicht anonym zu sein – zumindest nicht vor Gott – so sehr könnte uns diese Tatsache auch

[78] (20.8.2000)
[79] Lutherbibel, revidierter Text 1984, durchgesehene Ausgabe, © 1999 Deutsche Bibelgesellschaft, Stuttgart.

erschrecken: Haben wir wirklich bereits einen von Gott vorgezeichneten Weg vor uns, zu dem wir bestimmt und ausgesondert sind, ist unser Leben schon vorprogrammiert? Gilt das für uns alle oder ist Jeremia in besonderer Hinsicht ausgesondert und gilt nur ihm ein derartiger Auftrag?

Heutzutage hören wir viel über unsere genetische Vorausbestimmtheit. Schon von Mutterleibe an ist feststellbar, wer – rein genetisch – beispielsweise zum Alkoholismus neigt, wer welche Krankheitsgene in sich trägt, wer anfällig ist für Depression oder Geistesgestörtheit. Ob und wann etwas derartiges im Leben auftreten bzw. aufbrechen wird ist fragwürdig, unter anderem abhängig von der sozialen Entwicklung, dem Umfeld, etc. Aber dass es in uns angelegt ist, scheint bewiesen zu sein. Wie lebt es sich nun mit einem derart vorhersehbaren Lebensweg? Und wie stimmt es überein mit unserem Drang, das eigene Leben selbst zu bestimmen, alleine entscheiden zu dürfen, wo es mit uns hingehen soll? Gibt es nicht einen (ins-)geheimen Wunsch, in diesem Leben, wenn es doch das einzige sein soll, so zu leben, dass wir glücklich sind, Spaß haben und machen können, was, wie, wo, wann und warum wir wollen? Haben wir nicht schon alle erlebt, dass es gewisse „Vorschriften" gibt, wie z.B. die Schul- und Berufsausbildung und das sich daran gewöhnlich anschließende Arbeitsleben? Wird nicht auch erwartet, dass wir uns in ein vorgegebenes Sozialgefüge eingliedern und anpassen? Ist, bei so vielen Vorgaben, der Wunsch nicht auch schlichtweg berechtigt, einmal auszubrechen und – soweit überhaupt möglich, in einigen Bereichen, der sog. Freizeit z.B. – ein Leben nach eigenem Gefallen zu führen?

Ich denke gerade an euch, die ihr heute eingeführt werden sollt in die Katechumenenzeit, die ihr zwei gemeinsame Jahre, auch mit mir gemeinsam, vor euch habt bis hin zur Konfirmation. In diesen zwei Jahren werdet ihr euch sicherlich an manchen Punkten fragen müssen: „Was will ich? Was muss ich? Wie kriege ich beides geregelt?" In diesen zwei Jahren findet ihr hoffentlich Anstöße zu diesen Fragen, Anregungen und vielleicht die ein oder andere vorläufige Antwort. Hier, in unserem Predigttext, geht es ebenfalls um einen

jungen Menschen. Etwas älter als ihr, etwas jünger als ich – man geht davon aus, dass er Mitte zwanzig gewesen sein muss, als ihn das Wort des Herrn ereilte. Und mit diesem Wort erhält er, Jeremia, der vor über zweieinhalb Jahrtausenden in der Nähe Jerusalems lebte, einen Auftrag: „Du bist bestellt zum Propheten für die Völker!" Na prima! Herausgerissen wird er aus seinem bisherigen Dasein durch diesen Spruch Gottes. Nach diesem Anspruch kann er nicht mehr derselbe sein. Er weiß darum, und deshalb hadert er: Ich bin zu jung! Lass mich! Komm vielleicht später noch mal wieder! Ich tauge nicht zu predigen! Ich bin zu jung! Gemeint ist damit vor allem, ich bin zu jung im Sinne von: auf mich hört niemand, ich bin, aufgrund meines Alters noch nicht sozial anerkannt im System der Alten, im Ältestenrat, im „Presbyterium". Ich habe kein Recht zu reden, ich muss zurückstehen, still sein. Ich kann nicht predigen, ich muss vielmehr zuhören!
Jeremia hadert mit Gott: „Ach Herr, Herr! Ich kann nicht predigen, ich bin zu jung!" Doch der Herr besteht auf seinem Anspruch. Er gibt Jeremia vor, was dieser nicht zu sagen hat und was er stattdessen zu sagen hat. Auf jeden Fall hat er etwas zu sagen! Er soll nicht sagen, er sei zu jung. Stattdessen soll er sagen, was Gott ihm gebietet. Und er soll gehen, wohin Gott ihn sendet. Und er soll sich nicht fürchten, weil Gott ihn erretten will. Gott will ihn auferbauen! Jeremias Selbstbild ist das eines jungen Knaben, desjenigen, der stumm bleibt, da er nichts zu sagen hat. Gottes Bild von Jeremia ist das des großen Völkerpropheten, desjenigen, der Gottes Wort zu verkündigen hat an und über alle Völker! Gott schickt allen Völkern diesen Propheten Jeremia, der sich klein, jung und verzagt fühlt, um den Völkern das sagen zu lassen, was außer Jeremia niemand wahrzunehmen scheint: Gottes Wort.
So, wie Gott zu Jeremia spricht, soll Jeremia zu den Völkern sprechen. So, wie Gott Jeremia herausreißt aus seinem Leben, einreißt, sein Selbstbild zerstört und verdirbt, um ihn anschließend wieder aufzubauen und zu pflanzen, so soll Jeremia über Völker und Königreiche gesetzt sein, um aus- und einzureißen, zu zerstören und verderben, zu bauen und zu pflanzen. Nun klingt der

Auftrag an Jeremia recht zerstörerisch: man reißt Pflanzen aus, man reißt Häuser ein, man zerstört Gebäude, man verdirbt Felder. Doch erst nach dem Zerstören und Einreißen kann man neue Häuser bauen. Erst nach dem Ausreißen und Verderben kann man Neues pflanzen. Und dieses Platz machen für Neues, dieses Raum schaffen für Anderes, dies erweist Gott an Jeremia in unserem Text. Jeremia, schüchtern, ängstlich, unmutig, erfährt die Zumutung Gottes. Gott zerstört das Selbstbild des irritierten Jeremia. Gott reißt ihn aus und ein und macht ihn zu einem mutigen Mann, der geht, wohin Gott ihn sendet, der predigt, was Gott ihm sagt, der Völker und Königreiche verdirbt und baut. Denn Gott hat ihn zu dieser Aufgabe bereitet. Er kannte ihn, bevor er ihn im Mutterleibe bereitete. Er sonderte ihn aus, bevor er von der Mutter geboren wurde. Er hat ihn zum Propheten für die Völker bestellt. Er verheißt ihm, ihn zu erretten, er spricht ihm zu, keine Furcht zu haben. Und zum Zeichen berührt Gott mit der ausgestreckten Hand Jeremias Mund und legt seine Worte hinein. Wie Vögel ihre Brut füttern, so gibt Gott Jeremia seine „Speise“. Er füllt den Mund mit seinen Worten und wie durch einen zärtlichen Kuss berührt Gott den Mund des Jeremia. Jeremia ist gerührt, er ist angerührt worden. Leider endet hier unser Text. Wie erfahren hier noch nicht, wie es mit Jeremia weitergeht. Diese Berufungsgeschichte steht wie eine Einleitung zu Beginn des Jeremiabuches und lädt uns ein, weiterzulesen. Ich möchte Sie ermutigen, an dieser Stelle weiterzulesen und zu schauen, wie sich Gottes Verheißung an Jeremia erfüllt, wie sie sich bewahrheitet.

Und der Friede Gottes, der höher ist als alle unsere Vernunft, bewahre eure Herzen und Sinne in Christus Jesus. Amen.

(18) 9. Sonntag nach Trinitatis[80]: Matthäus 7,24-27: Vom Haus auf dem Felsen

[80] (24.7.2005)

Gnade sei mit uns und Friede von Gott unserem Vater und dem Herrn Jesus Christus. Amen.

Liebe Gemeinde.

Der heutige Predigttext bildet den Abschluss der sogenannten „Berg-Predigt“. Doch bevor ich den eigentlichen Predigttext vorlese, möchte ich Ihnen die Bergpredigt noch einmal – so gut Sie sie bereits kennen mögen – vor Augen bzw. Ohren führen; (in der Hoffnung, dass daraus der Predigttext klarer hervorgehen wird). Also: Zu Beginn der Bergpredigt lautet es (Matthäus 5,1f.):

Als er [Jesus] aber das Volk sah, ging er auf einen Berg und setzte sich; und seine Jünger traten zu ihm. Und er tat seinen Mund auf, lehrte sie und sprach:[81]

Und dann folgen all´ die Worte, die wir schon des öfteren \`gehört´ haben. Ich nenne nur einige: Zuerst erfolgen die „Seligpreisungen“ (z.B. Matthäus 5,3):

Selig sind, die da geistlich arm sind; denn ihrer ist das Himmelreich.[82]

Des weiteren sagt Jesus zu seinen \`Zuhörern´ (Matthäus 5,13a):

Ihr seid das Salz der Erde.[83]

Bzw. (Matthäus 5,14a):

---

[81] Lutherbibel, revidierter Text 1984, durchgesehene Ausgabe, © 1999 Deutsche Bibelgesellschaft, Stuttgart.
[82] Lutherbibel, revidierter Text 1984, durchgesehene Ausgabe, © 1999 Deutsche Bibelgesellschaft, Stuttgart.
[83] Lutherbibel, revidierter Text 1984, durchgesehene Ausgabe, © 1999 Deutsche Bibelgesellschaft, Stuttgart.

Ihr seid das Licht der Welt.[84]

Dann bezieht Jesus Stellung zur Gesetz resp. zur Thora (Matthäus 5,17):

Ihr sollt nicht meinen, dass ich gekommen bin, das Gesetz oder die Propheten aufzulösen; ich bin nicht gekommen aufzulösen, sondern zu erfüllen.[85]

Danach erfolgen einige Gesetzesauslegungen in dem Stil (z.B. Matthäus 5,21a):

Ihr habt gehört, dass zu den Alten gesagt ist [...][86],

gefolgt von (z.B. Matthäus 5,22a):

Ich aber sage euch [...][87],

in denen Jesus die Auslegung der Gesetze radikalisiert. Diese Neuauslegung der Gesetze gipfelt [Berg-gipfelt] in der Aussage Jesu (Matthäus 5,48):

Darum sollt ihr vollkommen sein, wie euer Vater im Himmel vollkommen ist.

Anschließend lehrt eine seine Zuhörerschaft das „Vaterunser" beten und äußert zum Thema „Schätze sammeln" den zentralen Satz (Matthäus 6,24):

---

[84] Lutherbibel, revidierter Text 1984, durchgesehene Ausgabe, © 1999 Deutsche Bibelgesellschaft, Stuttgart.
[85] Lutherbibel, revidierter Text 1984, durchgesehene Ausgabe, © 1999 Deutsche Bibelgesellschaft, Stuttgart.
[86] Lutherbibel, revidierter Text 1984, durchgesehene Ausgabe, © 1999 Deutsche Bibelgesellschaft, Stuttgart.
[87] Lutherbibel, revidierter Text 1984, durchgesehene Ausgabe, © 1999 Deutsche Bibelgesellschaft, Stuttgart.

Niemand kann zwei Herren dienen: entweder er wird den einen hassen und den andern lieben, oder er wird an dem einen hängen und den andern verachten. Ihr könnt nicht Gott dienen und dem Mammon.[88]

Und zum „Sorgen" um das Leben sagt er (Matthäus 6,33):

Trachtet zuerst nach dem Reich Gottes und nach seiner Gerechtigkeit, so wird euch das alles zufallen.[89]

Weiterhin leitet Jesus sie an (Matthäus 7,1f.):

Richtet nicht, damit ihr nicht gerichtet werdet. Denn nach welchem Recht ihr richtet, werdet ihr gerichtet werden; und mit welchem Maß ihr messt, wird euch zugemessen werden.[90]

Jesus legt seinen \`Hörern´ nahe (Matthäus 7,7f.):

Bittet, so wird euch gegeben; suchet, so werdet ihr finden; klopfet an, so wird euch aufgetan. Denn wer da bittet, der empfängt; und wer da sucht, der findet; und wer da anklopft, dem wird aufgetan.[91]

Schließlich bündelt Jesus seine Predigt in folgendem Satz (Matthäus 7,12):

Alles nun, was ihr wollt, dass euch die Leute tun sollen, das tut ihnen auch! Das ist das Gesetz und die Propheten![92]

---

[88] Lutherbibel, revidierter Text 1984, durchgesehene Ausgabe, © 1999 Deutsche Bibelgesellschaft, Stuttgart.
[89] Lutherbibel, revidierter Text 1984, durchgesehene Ausgabe, © 1999 Deutsche Bibelgesellschaft, Stuttgart.
[90] Lutherbibel, revidierter Text 1984, durchgesehene Ausgabe, © 1999 Deutsche Bibelgesellschaft, Stuttgart.
[91] Lutherbibel, revidierter Text 1984, durchgesehene Ausgabe, © 1999 Deutsche Bibelgesellschaft, Stuttgart.

Soweit die Zusammenfassung der Bergpredigt.
Diese Predigt-Inhalte allein, liefern schon eine komplette „Ethik“ Jesu, einen vollständigen biblischen „Ethos“, der nicht nur genügend Stoff zum Nachdenken enthält, sondern die Basis liefert für ein schriftgemäßes Zusammenleben der Menschheit. In dieser einen „Predigt“ gelingt es Jesus, Gesetz und Propheten, unser sogenanntes „Altes Testament“, die jüdische „Heilige Schrift“ zu bündeln, zu radikalisieren und vor allem, auch zu erfüllen. Damit schafft Jesus ein Konzentrat, ein Extrakt, ein stabiles Fundament, auf dem das Leben der Menschen, sowohl des einzelnen Menschen als auch der Gesamtheit, in Bezug auf menschliches Mit-Einander und Zu-Einander, in Bezug auf das Reich Gottes, das Himmelreich, fest verankert, unlösbar gegründet sein kann. Der Fels ist vorhanden, der Eckstein gelegt, Material zur Genüge vorhanden, nun kann der Bau des Lebens-Hauses beginnen. Und hier setzt der Predigttext ein. Ich lese aus Matthäus, Kapitel 7, die Verse 24 bis 27:

Darum, wer diese meine Rede hört und tut sie, der gleicht einem klugen Mann, der sein Haus auf Fels baute. Als nun ein Platzregen fiel und die Wasser kamen und die Winde wehten und stießen an das Haus, fiel es doch nicht ein; denn es war auf Fels gegründet. Und wer diese meine Rede hört und tut sie nicht, der gleicht einem törichten Mann, der sein Haus auf Sand baute. Als nun ein Platzregen fiel und die Wasser kamen und die Winde wehten und stießen an das Haus, da fiel es ein, und sein Fall war groß.[93]

Tja, wer will schon so töricht sein, sein Leben „in den Sand zu setzen“? Dieses Gleichnis will uns mit Schrecken daran erinnern, dass wir nicht leichtfertig unser Haus „in den Sand setzen“. Wir bauen eben keine Sandburg am Meer,

---

92 Lutherbibel, revidierter Text 1984, durchgesehene Ausgabe, © 1999 Deutsche Bibelgesellschaft, Stuttgart.
93 Lutherbibel, revidierter Text 1984, durchgesehene Ausgabe, © 1999 Deutsche Bibelgesellschaft, Stuttgart.

sondern unser Lebens-Haus, das allen Unwettern standhalten soll. Der der Platzregen wird fallen, die Wasser werden kommen, die Winde werden wehen und an unser Haus stoßen. Unser Leben selbst wird der Zerrüttung preisgegeben. Klug also der, der Jesu Worte nicht nur allzu oft gehört hat und wiederum hört, sondern der sie auch beherzigt, sich zu Herzen nimmt, sie verinnerlicht, um sie dann wieder entäußern zu können und ins Tun zu verwandeln. Jesu direkte Mahnung klingt noch drastischer (Matthäus 7,21:

Es werden nicht alle, die zu mir sagen: Herr, Herr!, in das Himmelreich kommen, sondern die den Willen tun meines Vaters im Himmel.[94]

Und noch schroffer klingt Jesu Abweisung (Matthäus 7,23):

Dann werde ich ihnen bekennen: Ich habe euch noch nie gekannt; weicht von mir, ihr Übeltäter![95]

Eines verstehen wir sofort: es geht nicht um das bloße Hören, sondern um das Tun des Willens Gottes. Nun dürfen wir das nicht als blinden Aktionismus verstehen, kopf- und herzloses Handeln auf Teufel komm´ raus ist nicht gemeint, kann, im Gegenteil, sogar noch viel grausamere Folgen nach sich ziehen, als ein ernstgemeintes Hören auf das Wort Gottes, und uns zu Übeltätern werden lassen. Gott bewahre! Dieses Hören und Tun dürfen wir nicht voreilig gegeneinander ausspielen. Im Miteinander von beidem entfaltet sich der wahre Aufbau, sei es des eigenen Lebens, oder auch der Aufbau einer Gemeinde. Hören, meinetwegen auch auswendig lernen allein, macht hochmütig und tatenlos. Gehörloses Tun hingegen führt meist in eine Katastrophe.

[94] Lutherbibel, revidierter Text 1984, durchgesehene Ausgabe, © 1999 Deutsche Bibelgesellschaft, Stuttgart.
[95] Lutherbibel, revidierter Text 1984, durchgesehene Ausgabe, © 1999 Deutsche Bibelgesellschaft, Stuttgart.

Tun im Gehorsam auf Gott lautet die Antwort. Oder, wie Jesus sagt (Matthäus 7,20):

Darum: an ihren Früchten sollt ihr sie erkennen.[96]

Welche Unwetter uns auch noch immer bevorstehen, die Bewährungsproben unseres Glaubens-Gehorsams liegen noch vor uns. Niemand hat eine Garantie darauf, unbeschädigt daraus hervorzugehen. Ganz krass formuliert es Jesus (Matthäus 7,19):

Jeder Baum, der nicht gute Früchte bringt, wird abgehauen und ins Feuer geworfen.[97]

Bzw. in unserer Parabel: „Als nun ein Platzregen fiel und die Wasser kamen und die Winde wehten und stießen an das Haus, da fiel es ein, und sein Fall war groß." Hierin ist nichts beschönigt, nichts verniedlicht, nichts verharmlost: „Sein Fall war groß." Ein bodenloses Stürzen. Ein Fall ins Leere. Ein Sturz ohne Ende. Ohne Halt. Ohne Innehalten. Übrig bleibt: Nichts. Wer einmal so einen Fall getan oder auch nur befürchtet hat, ahnt annähernd die Ausmaße einer solchen Katastrophe, eines solchen, sogenannten Gerichts. Doch ist die Absicht dieser (Berg-)Predigt nicht, die Hörer das Gruseln zu lehren, sondern dieselben wachzurütteln, sie auf das zurück zu werfen, was wirklich hält, trägt und Bestand hat. Was wirklich felsenfest genug ist, darauf ein Haus zu gründen. Jesus rührt damit zutiefst, bis auf den Grund.
Bevor das eigentliche „Gericht" eintrifft, erinnert er uns noch einmal an unser Fundament. Gleichsam, in dem er feststellt:

---

[96] Lutherbibel, revidierter Text 1984, durchgesehene Ausgabe, © 1999 Deutsche Bibelgesellschaft, Stuttgart.
[97] Lutherbibel, revidierter Text 1984, durchgesehene Ausgabe, © 1999 Deutsche Bibelgesellschaft, Stuttgart.

1) Diese, meine Worte sind gesprochen – ihr habt sie gehört. Wollt ihr diesen, meinen Worten Folge leisten? Wollt ihr mir im Gehorsam nachfolgen? Wollt ihr wirklich auf mich hören, zu mir gehören, mir gehorchen? Wollt ihr meine Nachfolger sein? Dann lasst meine Worte nicht nur leeres Gerede sein. Dann lasst meinen Worten Taten folgen. Haucht meinen Worten Leben ein. Lebt meine Worte!

2) Jeder baut sein Haus – sein Lebensgebäude, Glaubensgebilde, Gedankengerüst ... Worauf gründet euer Haus? Worauf habt ihr euer Haus gebaut? Worauf setzt ihr euer Leben? Auf Fels oder auf Sand? Achtet auf euren Grund. Kümmert euch um das Fundament. Gründet euer Haus felsenfest. Seid bedacht auf die Tragfähigkeit eures Lebens.

3) Die Unwetter des Lebens (werden) kommen und an eure Häuser stoßen. Wird euer Haus den Unwettern Stand halten oder nicht? Kann euer Haus bestehen? Könnt ihr mit eurem Leben vor Gott und seinem Gericht bestehen? Oder wird euer Fall groß und bodenlos sein? Macht euch auf das Unwetter gefasst. Bedenkt das Gericht Gottes. Setzt euer Leben auf Gott. Gründet euer Leben in Gott. Drum ihr, die ihr diese Worte gehört habt, gleicht dem klugen Mann, der Gottes Worte hört und sie auch tut. Der sein Haus auf Fels baut. Dem weder Platzregen, noch Flüsse und Wasser, noch Stürme und Winde, die ans Haus stoßen und schlagen etwas anhaben können. Sein Haus fällt nicht ein, denn es ist auf festen Felsen gegründet. Gleicht nicht dem törichten Mann, der sein Lebens-Haus in den Sand setzte, Wind und Wasser kamen Und stürzten sein Haus zu Boden Und sein Fall war groß.

Zu guter Letzt erfolgt der Abschluss der Berg-Predigt: „Und es begab sich, als Jesus diese Rede vollendet hatte, dass sich das Volk entsetzte über seine Lehre; denn er lehrte sie mit Vollmacht und nicht wie ihre Schriftgelehrten."

Und der Friede Gottes, der höher ist als all unsere menschliche Vernunft bewahre unsere Herzen und Sinne in Christus Jesus. Amen.

Printed by Books on Demand GmbH, Norderstedt / Germany